Cozinha da THINA

THINA IZIDORO

Cozinha da Thina

A CHEF QUE LEVOU O VEGETARIANISMO PURO À GASTRONOMIA

FOTOS: SERGIO PAGANO

Editora Senac Rio de Janeiro – Rio de Janeiro – 2015

COZINHA DA THINA: A CHEF QUE LEVOU O VEGETARIANISMO PURO À GASTRONOMIA

© Thina Izidoro, 2015.

Direitos desta edição reservados ao Serviço Nacional de Aprendizagem Comercial – Administração Regional do Rio de Janeiro.

Vedada, nos termos da lei, a reprodução total ou parcial deste livro.

SISTEMA COMÉRCIO-RJ
SENAC RJ

PRESIDENTE DO CONSELHO REGIONAL
DO SENAC RJ
Orlando Diniz

DIRETOR DO SISTEMA COMÉRCIO
Orlando Diniz

DIRETOR GERAL DO SENAC RJ (EM EXERCÍCIO)
Marcelo Jose Salles de Almeida

CONSELHO EDITORIAL
Ana Paula Alfredo, Wilma Freitas,
Daniele Paraiso, Manuel Vieira,
Nilson Brandão e Karine Fajardo

Editora Senac Rio de Janeiro
Rua Pompeu Loureiro, 45/11º andar
Copacabana – Rio de Janeiro
CEP: 22061-000 – RJ
comercial.editora@rj.senac.br
editora@rj.senac.br
www.rj.senac.br/editora

PUBLISHER: Wilma Freitas

EDITORA: Karine Fajardo

PRODUÇÃO EDITORIAL: Ana Carolina Lins,
Camila Simas, Cláudia Amorim e
Jacqueline Gutierrez

TESTAGEM, PADRONIZAÇÃO DAS RECEITAS E
CÁLCULO NUTRICIONAL: Thina Izidoro

PRODUÇÃO DE FOTOS E FOOD STYLIST:
Sergio Pagano e Silvia Montagna

FOTOGRAFIA: Sergio Pagano

ASSISTENTE DE FOTOGRAFIA: Silvia Montagna

COPIDESQUE: Natalie Gerhardt

REVISÃO: Cecilia Setubal

PROJETO GRÁFICO: Estúdio Insólito

IMPRESSÃO: Rona Editora Ltda.

1ª EDIÇÃO: agosto de 2015

Alguns dos objetos usados nas fotos deste
livro foram gentilmente cedidos pelas lojas
Olhar o Brasil – Chicô e Roberto Simões.

CIP-BRASIL. CATALOGAÇÃO NA PUBLICAÇÃO
SINDICATO NACIONAL DOS EDITORES DE LIVROS, RJ

I97v

Izidoro, Thina
Cozinha da Thina : a chef que levou o vegetarianismo puro à gastronomia / Thina
Izidoro. - 1. ed. - Rio de Janeiro : Ed. Senac Rio de Janeiro, 2015.
168 p. ; 23 cm.

Inclui bibliografia
ISBN 978-85-7756-314-2

1. Vegetarianismo. 2. Culinária vegetariana. 3. Gastronomia. I. Título.

15-20465

CDD: 613.262
CDU: 613.261

A meus filhos amados, Brisa e Sereno,
que sempre provaram e aprovaram
minhas experiências.

À minha mãe, Livete Orenga, que,
aos 85 anos, é uma garotinha.
Bem-humorada, talentosa, florista
de mão cheia. Cultiva frutas,
flores, algumas hortaliças e ervas
medicinais em seu quintal desde
sempre, fazendo dele a sua farmácia.
Ser humano trabalhador e
extremamente saudável. Um exemplo!

SUMÁRIO

PREFÁCIO 8

AGRADECIMENTOS 13

INTRODUÇÃO 15

ALIMENTAÇÃO VEGETARIANA 17

O QUE É VEGANISMO 18

OS EXCESSOS NA ALIMENTAÇÃO 23

ALIMENTOS UTILIZADOS NAS RECEITAS 26

TRUQUES E DICAS DE COMPRAS PARA A COZINHA VEGANA .. 28

PREPARO DOS ALIMENTOS 30

RECEITAS 39

    PRATOS PRINCIPAIS 41

    ACOMPANHAMENTOS 81

    MOLHOS 99

    SOBREMESAS 107

    BEBIDAS 121

    TEMPEROS 135

    SOPAS E CALDOS 141

OPÇÕES DE REFEIÇÕES AO LONGO DO DIA 150

GLOSSÁRIO 152

ÍNDICE DE RECEITAS 160

DEPOIMENTOS 162

BIBLIOGRAFIA 165

PREFÁCIO

Thina Izidoro é sinônimo de boa comida e tradição macrobiótica. Pioneira, desde o seu primeiro restaurante em Petrópolis ela já se aventurava na culinária macrobiótica adaptada à vegana. Abriu um dos primeiros restaurantes veganos do Rio de Janeiro onde, até hoje, trata bem – muito bem – seus inúmeros comensais, com comidinhas caprichadas, saborosas e aromáticas; sempre levando em conta também o aspecto da saúde, pois a autora é nutricionista e não pode descuidar disso.

Thina registra agora sua longa experiência adquirida com panelas, livros e na prática do consultório. Ganham os leitores, que recebem o melhor de todo o seu empenho.

Mas por que ser vegano? É muito simples: existem várias vantagens e nenhuma contraindicação. Vivemos tempos repletos de desafios, talvez como nunca antes na História da Humanidade, e um deles tem a ver com o lugar central que a carne passou a ocupar no prato de milhões de seres humanos, sobretudo nas sociedades ocidentais. Uma das consequências disso é que cerca de 70 bilhões de animais são implacavelmente abatidos a cada ano para suprir essa demanda por carne e outros produtos de origem animal. Esses seres são, em geral, criados em condições pavorosas, deixando para trás um rastro de impactos que ameaçam a sobrevivência de nosso planeta.

Por causa dessa ganância por carne, a flora e a fauna são agressivamente destruídas, quando uma precisa da outra para sobreviver, ao passo que nós, seres humanos, necessitamos de ambas. Como exemplo disso, nossa maravilhosa, e única, Floresta Amazônica – que o mundo todo quer preservar – está sendo destruída a passos largos, principalmente para a criação de gado e o cultivo da soja (como alimento para os animais destinados ao abate). De acordo com o governo brasileiro, 20% dessa floresta está devastada, e a pecuária é responsável por 80% das áreas abertas na região. Segundo a Food and Agriculture Organization (FAO), a pecuária está entre as três principais causas de todo problema ambiental significativo, incluindo a degradação da terra, as mudanças climáticas, a poluição do ar, a escassez e a contaminação da água, bem como a perda de biodiversidade.

A dieta com base na carne é também responsável, em grande medida, pelo que a Dra. Margaret Chan, diretora-geral da Organização Mundial da Saúde (OMS), denominou o "fim da medicina moderna", causado pela resistência aos antibióticos. "Problemas comuns, como garganta inflamada ou joelho ralado de uma criança, podem, mais uma vez, matar", afirma ela ao explicar que o principal motivo é o uso excessivo de antibióticos na pecuária. Nos Estados Unidos, 80% de todos os antibióticos usados são destinados aos animais de criação e não aos seres humanos. No Brasil ocorre o mesmo. Por outro lado, a maioria das doenças que matam hoje poderia, em grande medida, ser prevenida com a adoção de uma alimentação à base de vegetais. Esse tipo de dieta pode evitar doenças crônicas e degenerativas, como condições cardiovasculares, hipertensão, obesidade, alguns tipos de câncer e diabetes. Por trazer inúmeros benefícios à saúde, dietas veganas recebem o apoio da American Dietetic Association (ADA) e de outras instituições de renome, como American Institute for Cancer Research (AICR), American Heart Association (AHA), Food and Drug Administration (FDA), Loma Linda University, United States Department of Agriculture (USDA) e Mayo Clinic, entre outras.

Segundo a ADA, o vegetariano apresenta 31% menos chances de desenvolver algum tipo de cardiopatia e 50% menos de ser acometido por diabetes. Há também redução nas chances de desenvolvimento de vários tipos de câncer, como o de intestino grosso (88%) e o de próstata (54%). Por essas razões, as autoridades deveriam reconhecer a importância desses dados e passar a promover dietas à base de vegetais como política pública.

Inúmeras crueldades são cometidas nas granjas modernas. O sofrimento nos abatedouros não é o único aspecto a se considerar. Podemos ter em nossas mentes imagens idílicas de fazendas em que os animais vivem uma vida feliz com sua prole. No entanto, o agrobusiness há muito transformou esses registros em cenas do passado. Hoje os animais destinados à alimentação são confinados e submetidos a tratamento cruel. Praticamente 100% dos porcos e frangos são aprisionados em condições terríveis durante toda a sua curta vida. O gado e as criaturas marinhas cada vez mais seguem o mesmo caminho. Bezerros, pintinhos e porquinhos são separados da mãe com poucos dias de vida, submetidos a condições cruéis e colocados em ambientes artificiais, o que provoca estresse e enfermidades combatidas com medidas ainda mais cruéis: debicagem, corte do rabo, dos dentes e da genitália – tudo sem anestesia. Esses animais só se livram desse sofrimento para encontrarem a morte quando são depenados, esfolados, escaldados e esquartejados, na maior parte das vezes, ainda vivos.

Felizmente notam-se sinais de que o vegetarianismo está se tornando cada vez mais uma opção para milhares de pessoas. Apesar dos muitos desafios, há luz no fim do túnel. Oito por cento dos brasileiros se declararam vegetarianos em pesquisa do Instituto Brasileiro de Opinião Pública e Estatística (Ibope) por dois anos consecutivos (2011 e 2012). As escolas municipais de São Paulo oferecem hoje um prato vegetariano estrito (vegano) a cada 15 dias, e há planos de expansão desse tipo de comida no cardápio. O Conselho Regional de Nutricionistas de São Paulo e Mato Grosso do Sul (CRN-3) reconhece, por meio de parecer, que "dietas vegetarianas, quando atendem às necessidades nutricionais individuais, são capazes de promover crescimento, desenvolvimento e manutenção adequados e podem ser adotadas em qualquer ciclo de vida". Sinais dos tempos. O vegetarianismo é possível. E desejável.

Sejamos a voz daqueles que não a têm. Façamos o nosso dever de defender aqueles que não têm como fazê-lo: nossos companheiros de jornada nessa Terra, os pequeninos e maravilhosos animais.

MARLY WINCKLER
Socióloga e tradutora
Presidente e fundadora da Sociedade Vegetariana Brasileira
Presidente da União Vegetariana Internacional – organização centenária
que congrega associações vegetarianas de todo o mundo

AGRADECIMENTOS

AGRADEÇO A TODOS QUE ESTIVERAM COMIGO NO PROCESSO DE ESCRITA DESTE LIVRO, AUXILIANDO-ME DE UMA FORMA OU DE OUTRA: MEUS FILHOS, BRISA E SERENO; MEU COMPANHEIRO, JAN CARVALHO; AS AMIGAS CECÍLIA MARQUES, MARIA CLAUDIA CARVALHO, ELAINE VIANNA, CHRISTIANE AYUMIKUWAE E CRISTINA FRANÇA; AS SOBRINHAS ISADORA IZIDORO E LAURA IZIDORO; OS CLIENTES, PACIENTES E ALUNOS; E TODOS OS QUE CONTRIBUÍRAM COM SEUS DEPOIMENTOS.

INTRODUÇÃO

Estou muito feliz por publicar este livro pela Editora Senac Rio de Janeiro. É gratificante registrar minha experiência de tantos anos à frente de restaurantes veganos. A cozinha sempre esteve muito presente em minha vida, especialmente a culinária mineira, que utiliza grande variedade de alimentos naturais. Cresci vendo as mulheres da família preparando as refeições, já que, naquela época, não se tinha o hábito de comprar comida pronta.

Quando eu era criança, gostava de brincar de fazer "comidinha" no quintal, improvisando fogõezinhos que, na minha infância, eram de esmalte branco e tinham como chama uma vela acesa. Na adolescência, passei a ser a responsável pelo fogão, ainda a lenha, na casa de minha mãe, com panelas de ferro, pedra e barro. Confesso que não gostava dessa atribuição e me sentia a própria gata borralheira, mas isso fazia parte da divisão de responsabilidades em uma casa de mulheres que precisavam se manter.

Hoje, quando me lembro da frase "Os maus momentos de hoje serão os bons velhos tempos de amanhã", penso: "E não é que é verdade?" Essa prática me trouxe segurança, aguçou minha criatividade e me tornou responsável por restaurantes veganos ao longo dos anos. Muitas receitas foram criadas; outras, adaptadas para o universo vegano, como estrogonofe, bobó, tortilha, arroz à piamontese... O mais bacana é que há uma variedade enorme de alimentos e diversas maneiras de preparo.

De vez em quando, alguém me pergunta: "Mas, se você não come carne, então o que você come?" A resposta encontra-se na primeira parte deste livro, que lista um número considerável de alimentos utilizados como ingredientes nas receitas aqui apresentadas.

Além de sugestões de cardápios diários de lanche, almoço e jantar com receitas variadas, incluo, ao final do livro, uma bibliografia para quem quiser se aprofundar no assunto e conhecer os instrumentos para um cozinhar prazeroso, até porque comer é atividade essencial à vida. O objetivo é facilitar a rotina de quem busca uma alimentação que fuja do convencional e, ao mesmo tempo, seja prática e equilibrada.

Vamos desfazer o mito de que comida vegana é difícil de preparar. Na verdade, é apenas diferente. Embora comer seja uma necessidade básica, e o façamos várias vezes ao dia, não temos o hábito de planejar. Planejamento é fundamental para não se perder tempo na cozinha – dilema de muitas pessoas.

Espero poder ajudar todos os que procuram uma alimentação saborosa, saudável e que proporciona prazer. E que, de alguma forma, seja de bom proveito para suas vidas.

A alimentação vegetariana não utiliza carne de animais e, ao contrário do que muitos pensam, não se restringe somente a vegetais, mas, sim, a uma grande variedade de alimentos.

Existem três tipos de vegetarianismo:
- » Ovolactovegetariano: tipo que inclui ovos e todos os derivados de leite.
- » Lactovegetariano: alimentação que incorpora o leite e seus derivados e exclui os ovos.
- » Vegetariano vegano: tipo de alimentação que não utiliza nenhum alimento de origem animal, nem mesmo o mel das abelhas.

Neste livro, vamos nos ater ao último tipo apresentado: o vegetariano vegano, ou seja, a alimentação vegana.

Veganismo é um movimento que defende o direito de viver de todos os animais. Além de abolir carnes, ovos, leite e derivados na alimentação, o vegano não utiliza nada que tenha origem animal, como cintos, bolsas, casacos, cosméticos, calçados, medicamentos ou qualquer produto em que se tenha empregado animais em experimentos e testes.

No início dos anos 1970, *hippies*, com o slogan "paz e amor", e grupos ligados à ecologia, à defesa dos direitos animais e à medicina alternativa defendiam o veganismo. A identificação com esse movimento de contracultura fez com que se desacreditasse em sua eficácia como prevenção e cura de várias doenças. Hoje o cenário mudou, e podemos ver no mundo inteiro um número crescente de pessoas compactuando com essa ideia.

VANTAGENS DO VEGANISMO

O veganismo é bastante benéfico à saúde por ter como base vegetais, frutas, sementes, fibras e grãos. Além disso, esse tipo de alimentação é mais sustentável, pois ajuda na preservação dos recursos naturais do planeta e nos defende de doenças.

Ao compararmos a produção de alimentos de origem vegetal e animal, levando em conta o volume de recursos naturais utilizados em uma e em outra, pode-se afirmar que o custo na produção animal é muito maior. A criação de gado para alimentação implica a derrubada de muitas árvores para a abertura de pastos, a redução da camada fértil do solo, a contaminação das reservas de água, a extinção de algumas espécies de seres vivos e de vegetação, e as monoculturas destinadas à ração e forragem para criação de rebanhos. Além disso, esse tipo de produção atende um número muito menor de pessoas.

Na produção de grãos (trigo, soja, feijões, arroz etc.), a utilização de recursos naturais é infinitamente menor, e a safra alimenta um número muito maior de pessoas. Centenas de toneladas são destinadas atualmente à alimentação animal. Em um pomar e em uma horta com cultivo orgânico, existem muitos alimentos e nutrientes de que nosso metabolismo necessita, sem que tenhamos de correr riscos desnecessários.

Em nosso corpo, o intestino grosso é um órgão de eliminação, e este pode sofrer com o uso abusivo de carnes. Os alimentos de origem animal produzem bacilos de putrefação no intestino que intoxicam o sangue, tornando-o mais ácido, o que pode ocasionar doenças. O metabolismo dos vegetais, por sua vez, provoca fermentação e forma bactérias benéficas que tornam o sangue mais alcalino, promovendo a saúde ao defender o organismo. Nosso corpo agradece. Além disso, regula o intestino, melhora a pele, o cabelo, a qualidade do sono, aumenta a disposição e o prazer de viver... Enfim, o alimento continua sendo o melhor remédio!

EQUILÍBRIO NO VEGANISMO

Para que haja equilíbrio em nosso organismo, precisamos ingerir alimentos de cores e sabores variados, usar fermentados, priorizar os orgânicos e fazer combinações adequadas. Devemos nos lembrar de que, ao retirarmos as carnes, os ovos e os laticínios, estamos eliminando os nutrientes presentes nesses alimentos, como proteína, ferro, zinco, cálcio, ácido graxo ômega 3 e vitamina B12, e que é necessário substituí-los.

›› PROTEÍNA

Responsável pela formação dos músculos e do sistema imunológico, a proteína deve estar presente na alimentação vegana de várias maneiras; uma delas é por meio da combinação de cereais integrais (arroz, milho, trigo, cevada, centeio, painço etc.) com leguminosas (feijão-branco, feijão-preto, feijão roxo, feijão-fradinho, grão-de-bico, ervilha, lentilha, feijão-azuki etc.). Podemos também encontrá-la nos derivados da soja, como o tempeh e o tofu, bem como em cogumelos frescos e desidratados, quinoa, amaranto, seitan (proteína do trigo), castanhas e sementes.

›› FERRO

O ferro é um mineral que está no núcleo da hemoglobina, proteína responsável pela cor vermelha do sangue; sua deficiência causa anemia. Existem dois tipos de ferro: o heme e o não heme. A diferença entre os dois está no grau de absorção de um e de outro.

O ferro retirado dos alimentos de origem animal é chamado de ferro heme, fácil de ser absorvido, ao passo que o ferro não heme precisa da vitamina C para ser mais bem assimilado. O ferro não heme está presente em muitos vegetais. Sua absorção pode ser dificultada pelo ácido fítico (existente em alimentos secos, como feijões, grãos integrais, sementes e castanhas), excesso de fibras, tanino (mate, chocolate, café) e oxalato de cálcio (espinafre, chocolate).

Para que o efeito inibidor do ácido não seja comprometedor nesses alimentos, estes devem passar por um dos seguintes processos: tostagem, germinação, fermentação ou imersão em água.

›› ZINCO

Esse mineral importante principalmente para o fortalecimento do sistema imunológico está presente em cereais integrais, sementes, oleaginosas, tahine, feijões e gérmen de trigo. Para aumentar sua absorção, utilizamos os seguintes métodos: fermentação, germinação, imersão em água ou tostagem, os quais são apresentados mais adiante neste livro. Embora alguns alimentos apareçam com valores insignificantes ou nenhum, o mineral está presente em sua composição, e, no caso de sementes e de grãos, quando germinados, essa presença aumenta consideravelmente. Alguns alimentos contêm substâncias que inibem a absorção do zinco, como os fitatos, existentes nos cereais integrais, nas leguminosas e sementes.

›› CÁLCIO

Importante mineral para a formação da estrutura óssea de nosso corpo, o cálcio encontra-se em laticínios, como leite, queijos, iogurtes, e em vários alimentos de origem vegetal, como folhas verde-escuras, melado de cana, algas marinhas, quinoa, tofu, tempeh, sementes, tahine, folha de nabo, brócolis, inhame, quiabo, amêndoas, grama de trigo, figo, castanhas, grãos, sementes germinadas etc. É importante lembrar que, para ser mais bem aproveitado pelo organismo, o cálcio precisa da vitamina D (15 minutos diários de sol) e do fósforo.

›› ÁCIDO GRAXO ÔMEGA 3

As gorduras entram em nossas células na forma de ácidos graxos, importantes para a formação e a manutenção de todas as células de nosso corpo. Os ácidos graxos ômega 3 têm a propriedade de proteger o coração, pois contribuem para a redução dos níveis de colesterol e triglicerídeos no sangue, e estão presentes em maior abundância nas sementes e no óleo de linhaça e nas sementes de chia.

›› VITAMINA B12

Durante muito tempo, adeptos de uma alimentação vegetariana vegana acreditavam que fontes vegetais como missô, tempeh, natto, chucrute, rejuvelac e algas como chlorella e spirulina eram suficientes para suprir a necessidade diária da vitamina B12. No entanto, segundo pesquisas, nesses alimentos, essa vitamina é inativa.

A vitamina B12 é fundamental para o sistema nervoso e essencial para a memória. Encontrada em forma utilizável pelo organismo humano nos alimentos de origem animal, é produzida pelas bactérias encontradas no intestino dos animais. Nós, seres humanos, também produzimos essa vitamina em nosso intestino grosso, só que ela precisa ser absorvida no intestino delgado, o que demandaria inversão de nosso fluxo digestivo. Desse modo, não é possível aproveitarmos a vitamina produzida por nosso próprio corpo.

A deficiência de vitamina B12 pode causar anemia, desequilíbrios mentais e musculares. A suplementação pode ser feita com alimentos enriquecidos com essa vitamina, levedo de cerveja acrescido de B12, por administração oral ou na forma injetável.

Os excessos na ALIMENTAÇÃO

As mudanças de padrões alimentares decorrentes de um novo estilo de vida nas grandes cidades contribuíram para que várias doenças surgissem. Também pode-se dizer que males que antes acometiam apenas os adultos passaram também a ocorrer em pessoas cada vez mais jovens, inclusive em crianças.

A correria diária e a falta de tempo para cozinhar levam as pessoas a recorrerem a alimentos industrializados, *fast-food*, congelados etc., que precisam de elementos para conservação e manutenção do sabor. A população em geral tende a buscar o mais prático, que nem sempre é o mais saudável.

Esse tipo de alimentação, quando se torna habitual, provoca danos à saúde. O acúmulo de sódio, açúcar e gordura saturada, por exemplo, é um conhecido vilão da saúde. Veja por quê:

EXCESSO DE PROTEÍNA ANIMAL E DE GORDURA SATURADA

A proteína animal e a gordura saturada podem agravar doenças cardíacas, derrames e arteriosclerose. O acúmulo de gordura saturada obstrui a parede das artérias e reduz o fluxo de sangue. Essa redução altera o ritmo cardíaco e provoca taquicardia, e, inclusive, morte súbita. Muitos alimentos ajudam na prevenção e no combate desses sintomas, e os mais indicados são frutas, hortaliças, grãos integrais, cebola, alho, sementes, azeite de oliva, abacate, nozes etc. Como a gordura saturada, a proteína animal também pode estar associada a vários tipos de doença, inclusive ao câncer.

EXCESSO DE AÇÚCAR

Um dos principais responsáveis pelo aumento do índice de diabetes, depressão, cárie dentária, anemia, obesidade etc., o açúcar industrializado é um hábito adquirido desde a infância pela maioria da população mundial e está presente em alimentos industrializados, como refrigerantes, biscoitos, massas, entre outros.

Existem várias alternativas para o consumo dessa substância. Açúcar mascavo e melado, malte de cereal, agave e frutose (comum nas frutas) são boas fontes, além dos carboidratos, como amido em grãos, massas, batatas, feijões e legumes.

EXCESSO DE SAL

O sal (sódio) também é encontrado na maioria dos alimentos industrializados, como enlatados, extrato de tomate, sopas instantâneas, laticínios, biscoitos, batatas fritas, defumados, refrigerantes etc. O controle diário de consumo de sal é difícil se esses alimentos fazem parte da rotina da pessoa, quando a ingestão chega a ser, em média, três vezes maior que a indicada.

Entre os problemas de saúde causados por excesso de sal, podemos citar: hipertensão, retenção de líquidos, problemas renais e dores articulares.

EXCESSO DE ALIMENTOS SEM FIBRAS

A extração das fibras para o refino dos grãos é uma das responsáveis pelo aumento da constipação intestinal, origem de várias doenças, inclusive câncer de cólon, hemorroidas, diverticulite, colesterol alto etc.

Alimentos ricos em fibras, como cereais integrais, frutas, hortaliças, feijões, sementes, castanhas etc., ajudam a formar o bolo fecal e, associados à ingestão de água, o tornam mais homogêneo, permitindo o fluxo rápido pelo intestino e a fácil eliminação.

EXCESSO DE ALIMENTOS COM ADITIVOS QUÍMICOS, AGROTÓXICOS, PESTICIDAS, RESÍDUOS DE ANTIBIÓTICOS E HORMÔNIOS SINTÉTICOS

Várias alterações hormonais, câncer e alergias estão associados aos antibióticos, presentes na alimentação dos animais para evitar doenças, e aos hormônios sintéticos, os quais visam ao crescimento e ao aumento da produtividade do rebanho. Os agrotóxicos e pesticidas podem fazer parte de todos os alimentos produzidos em grande escala, principalmente hortaliças e frutas.

EXCESSO DE ALIMENTOS CALÓRICOS

Alimentos calóricos, parte da alimentação diária da maioria da população, como grãos refinados, massas, alimentos gordurosos e açucarados, constituem um agravante nos casos de obesidade, diabetes e doenças coronarianas. Esse excesso, aliado ao sedentarismo, pode agravar os quadros de hipertensão e doenças cardíacas que estão causando a morte de milhares de pessoas ainda muito jovens.

As receitas deste livro têm como base hortaliças, frutas, sementes e oleaginosas, feijões, derivados da soja, cogumelos, cereais e condimentos. Os ingredientes que compõem esses grupos alimentares, quando variados e introduzidos à dieta, contribuem para o bem-estar físico e para a saúde mental.

›› HORTALIÇAS

Abóbora okaido ou japonesa, abobrinha, vagem, tomate, quiabo, cenoura, nabo (daikon ou comprido), raiz de bardana, raiz de lótus, beterraba, rabanete, gengibre, inhame, aipim, batata-inglesa, couve, brócolis, alface americana, rúcula, repolho roxo, brotos de feijão-verde, lentilha, cebolinha, salsa, manjericão, alho-poró, alecrim, hortelã, coentro, broto de feijão (ou moyashi), broto de trevo.

›› FRUTAS

Banana d'água, manga, abacate, passas, maçã, uva, maracujá, limão, damasco seco, ameixa-preta, pera seca, melancia, abacaxi.

›› SEMENTES E OLEAGINOSAS

Castanha-do-pará, amêndoas, amendoim, semente de gergelim preto e branco, tahine, castanha-de-caju, nozes, linhaça.

›› FEIJÕES

Feijão-azuki, grão-de-bico, broto de lentilha, broto de feijão, feijão-fradinho, lentilha.

›› DERIVADOS DA SOJA

Queijo de soja fresco e defumado, tempeh, missô, shoyu, agué.

›› COGUMELOS

Shiitake fresco e desidratado, shimeji, champignon fresco.

›› CEREAIS

Arroz-cateto integral, painço, quinoa, trigo integral, aveia, milho, triguilho.

›› CONDIMENTOS

Ervas frescas já citadas entre as hortaliças, sal marinho, azeite extravirgem, azeite para cozinha (azeite de sansa – segunda prensada), pimenta malagueta curtida no azeite.

Truques e DICAS DE COMPRAS
PARA A COZINHA VEGANA

Quando optamos por uma alimentação mais natural ou mesmo vegetariana, o local de compras é outro. Além das lojas de produtos naturais, do comércio de artigos orientais e de alguns supermercados, há também as feiras de bairro com alimentos perecíveis e não perecíveis à venda. A diferença é que, em mercados específicos, todo mundo, inclusive os funcionários, conhece o que você procura.

Veja as dicas que podem ajudá-lo na escolha dos produtos para execução das receitas apresentadas neste livro e de outras tantas que você vai experimentar.

» Ao comprar raízes (beterraba, nabo, rabanete, cenoura), leve sempre as ramas e utilize-as na preparação de sopas, farofa, no bafo ou levemente refogadas.

» Dê preferência sempre aos legumes e às frutas da estação, pois, além de manter-se em conexão com o ambiente, você economizará. A natureza sabe de que precisamos e nos oferece os alimentos de acordo com a época do ano.

» Quando adquirir cogumelos frescos, verifique se estão sequinhos, tenros e firmes; quando passam do ponto de consumo, ficam úmidos e mais escurecidos.

» Ao comprar quiabo, quebre a pontinha. Se estalar e soltar fácil, é porque está fresco; se a pontinha ficar pendurada, sem rompimento, não o leve, pois irá endurecer ao cozinhar.

» Ao escolher gengibre fresco, verifique se está durinho e com a casca lisa. Não compre se tiver a aparência enrugada, característica do gengibre seco e com pouco líquido, sem a possibilidade de se extrair o sumo.

» Leia atentamente o rótulo do shoyu e do missô, pois sua composição deve conter apenas cereal, sal e soja. Muitas marcas adicionam açúcar, corante caramelo e glutamato monossódico. Fique atento!

» Observe o cozimento dos feijões. Os frescos, ao cozinhar, desmancham-se na panela, e seu caldo fica grossinho, formando um creme, e não um líquido ralo, o que em geral ocorre quando o grão está velho. Ao escolher o produto, verifique se não há nenhum furinho de caruncho aparente.

» Para conservar o tofu, deixe-o submerso em água, e, para aumentar o tempo de validade, troque a água a cada dois dias. Também pode-se acrescentar sal e louro ao molho ou levá-lo a uma leve fervura por 10 a 15 minutos. A validade do tofu é de 5 a 15 dias.

» Para aumentar a validade de grãos como cereais integrais e feijões, coloque algumas folhas de louro no pote de armazenamento.

» Para conservar as farinhas por mais tempo, coloque-as em um vidro bem fechado e guarde-o na geladeira.

» Armazene as sementes e castanhas em potes escuros para evitar a passagem de luz e calor. Desse modo, impede-se a oxidação, dada a presença de gordura em sua composição.

Preparo dos ALIMENTOS

"Faça do seu alimento o seu medicamento." Como disse Hipócrates tempos atrás, nossa cozinha deveria ser nossa farmácia. Além da composição química (carboidrato, proteína, lipídio, vitamina, minerais), os alimentos contêm características energéticas (sabor, cor, textura, naturezas fria, quente e suas variações – seca, úmida, morna) que atuam nos órgãos de nosso corpo de forma positiva ou negativa, muitas vezes dependendo do modo de preparo. Sua composição, tanto química quanto energética, sofre alterações com as técnicas e os métodos de preparo, que devem ser utilizados de acordo com o clima de cada estação e a característica do alimento. Por exemplo, em climas frios, quando preparamos os alimentos, as técnicas de cozimento mais prolongado ou com mais concentração de calor, como frituras, assados, pressão, grelhados etc., contrapõem-se ao frio externo nos aquecendo, protegendo dos resfriados e outras mazelas da estação. Nos climas quentes, todas as técnicas que utilizam pouco calor devem ser as escolhidas, como levemente refogadas, salteada, refogado sem gordura etc. Seguem algumas sugestões de técnicas de cozimento que possibilitam diversidade no preparo dos alimentos.

TÉCNICAS DE COZIMENTO

O calor aplicado ao alimento modifica sua estrutura, extrai seu sabor, altera sua textura e sua cor. Por isso, devemos ter muita atenção em como e quanto aplicá-lo. No alimento com maior concentração de água, deve-se aumentar o calor; naqueles mais secos, deve-se aumentar a água. Assim, manteremos o equilíbrio de suas formas, cores, texturas e de seus sabores.

Adiante são apresentadas algumas formas de cozimento. É importante verificar que cada alimento terá a técnica mais indicada e ideal para manter sua integridade.

›› COCÇÃO

Aplicação do calor no alimento. Esse calor pode ser seco ou úmido. No calor seco, são utilizadas as técnicas de grelhar, assar, gratinar, refogar, saltear, fritar. O calor úmido conta com a presença do fogo e da água para o uso das técnicas de vapor e fervura.

›› COZIMENTO SEM ÁGUA

Esse cozimento é feito em panela grossa, em fogo mínimo. O alimento deve se concentrar no centro da panela, que deve estar tampada. Essa técnica é mais utilizada para hortaliças e frutas, em que o cozimento se dá em sua própria água, mantendo, assim, as propriedades nutricionais.

›› REFOGADO SEM GORDURA

Amplamente utilizado para cebolas. Corte-as no tamanho desejado e aplique a técnica do cozimento sem água. Depois que todo o líquido se soltar, aumente o fogo e mexa até dourar.

›› LEVEMENTE REFOGADO

Com a panela em fogo baixo, coloque o azeite de sansa (segunda prensada) e o tempero ao mesmo tempo; em seguida, acrescente o alimento (em geral, nesse processo utilizam-se hortaliças), aumente a chama e mexa, espalhando-o. Desse modo, o calor se dissipa e mantém o vegetal levemente cozido e com textura crocante (nessa etapa, ocorre o processo inverso ao do refogado sem gordura).

›› FRITURA FUNDA

Esse processo é realizado com óleo em temperatura alta e em quantidade suficiente para cobrir o alimento. Ao ser despejado, em poucas quantidades, o alimento imediatamente forma uma casca que o impede de ficar encharcado.

Toda gordura de fritura deve ser dispensada após o uso. Ao atingir alta temperatura e resfriar em seguida, o óleo libera uma substância tóxica denominada acroleína, que pode causar câncer e outras complicações. No entanto, esse líquido é bom para fazer sabão!

›› GRELHADO

Nesse processo, o alimento é preparado em fogo alto, com o objetivo de selar sua superfície ao criar uma crosta protetora para retenção da água.

›› ASSADOS E GRATINADOS

São alimentos preparados em forno quente, com temperatura que varia entre 180°C e 250°C.

›› FERVURA

Técnica na qual se acrescenta o alimento à água fervente. Os vegetais, quando cozidos dessa forma, liberam parte de suas vitaminas hidrossolúveis, que ficam armazenadas na água. Assim, esse líquido deve ser aproveitado em outras preparações.

Observação.: Deve-se sempre cozinhar com a quantidade de água suficiente para o completo aproveitamento desse caldo em outras preparações.

›› SALTEADO

Essa técnica é muito utilizada na cozinha oriental e consiste no uso de uma panela wok (semelhante a um tacho) para o preparo do alimento. Os vegetais passam por um breve refogado em fogo médio para alto para que fiquem crocantes e levemente cozidos.

›› PRESSÃO

Empregada com panela específica (panela de pressão), essa técnica é muito utilizada para preparar feijões, cereais integrais, raízes etc., pois a concentração de calor exige menos tempo de cozimento e menos água.

MÉTODOS APLICADOS

Estes três métodos empregados nos alimentos aceleram a digestão, o que proporciona melhor assimilação e, consequentemente, melhor aproveitamento dos nutrientes.

›› GERMINAÇÃO

Trata-se de uma técnica muito simples, saudável e econômica que pode ser aplicada a grãos e sementes.

1. Coloque os grãos de molho em água sem cloro durante uma noite em um vidro de boca larga, coberto com um pedaço de filó preso com um elástico.
2. No dia seguinte, jogue essa água fora e lave os grãos em água corrente e filtrada, mantendo o filó preso com o elástico (como uma peneira).
3. Coloque o vidro inclinado, com a boca para baixo. Sugere-se usar um escorredor de pratos.
4. Lave e enxágue em água não clorada duas vezes ao dia, de três a seis dias.

Esse processo potencializa os nutrientes e torna os grãos de fácil digestão. Após esse processo, eles estão prontos para serem consumidos crus em saladas, sucos ou levemente refogados, como os brotos de feijões. Os alimentos germinados são ricos em enzimas.

›› FERMENTAÇÃO

Nesse processo, o alimento permanece em ambiente que produz calor e umidade. Os açúcares de sua composição produzem ação de micro-organismos que quebram moléculas, facilitando a digestão e beneficiando a flora intestinal. Dois exemplos do método de fermentação são o iogurte de soja e o chucrute de repolho, cujos modos de preparo são apresentados a seguir.

Iogurte de soja:

Esquente o leite de soja até atingir 38°C ou 40°C. Caso não tenha termômetro de cozinha, teste com o dedo mindinho. O leite deve estar morno: nem muito quente, nem muito frio. Coloque-o em um recipiente de vidro com tampa e acrescente uma das opções para 1 litro de leite: 1 colher de sopa de kefir (colônia de bactérias) dentro de uma gaze ou pano de algodão, formando uma trouxinha bem amarrada, ou 1 pote de iogurte de soja. Em seguida, feche com a tampa e guarde em lugar abafado, como forno ou armário, durante 6 horas (verão) ou 12 horas (inverno). Retire a trouxinha. Conserve o iogurte na geladeira.

Chucrute de repolho:

Lave bem o repolho roxo ou verde. Se quiser, misture um pouco de cada um. Pique e misture com sal. Coloque em um pote de vidro ou cerâmica, pressionando bem com um peso para que saia o líquido. Cubra o recipiente e deixe em temperatura ambiente por aproximadamente três dias. Conserve na geladeira e utilize em saladas, sanduíches etc. Deve ficar com sabor de picles. É importante tomar alguns cuidados, como higienização da hortaliça, de recipientes e do local de preparo, para que o produto final seja rico em bactérias probióticas, e não micro-organismos patogênicos.

›› COALHO

Essa técnica é mais utilizada com leites vegetais, para dar origem a queijos, iogurtes e coalhadas. A forma caseira para se fazer o coalho emprega o limão. Iogurte e coalhada podem ser preparados com kefir, limão ou miolo de pão. Para o tofu, utiliza-se uma espécie de sal chamado de nigari ou cloreto de magnésio PA (pureza absoluta). Um exemplo de coalho é o queijo de soja ou tofu. A seguir, o modo de preparo.

Queijo de soja ou tofu:

Ferva o leite de soja. Ao levantar fervura, baixe o fogo e vá acrescentando o caldo de limão aos poucos, mexendo até formar um líquido transparente com granulados brancos, que são a separação do soro e o que se transformará em queijo. Passe tudo por um coador de pano sobre uma peneira apoiada em algum recipiente fundo e que a encaixe (panela, pote de vidro etc.). Feche o coador, dando algum formato arredondado, quadrado ou triangular, e ponha um peso (um pacote fechado de algum alimento de 2kg ou mais, vidro cheio de algum líquido ou mesmo um peso de madeira ou metal) sobre o pano para que se elimine todo o soro. Dez a 20 minutos depois, retire o conteúdo já compacto do pano, que é o queijo, e conserve-o submerso em água, na geladeira, por 5 a 15 dias. O soro desse queijo pode ser utilizado como detergente, pois seu carater ácido ajuda a eliminar gorduras.

>> HIGIENE DAS HORTALIÇAS

Segundo o *Manual de controle higiênico-sanitário em serviços de alimentação*, de Eneo Alves da Silva Jr., as três operações descritas a seguir, quando aplicadas em conjunto, eliminam 99,98% dos resíduos das verduras utilizadas cruas em saladas.

1. Lavagem. Lavar, individualmente, em água corrente. Esse processo elimina 74% dos micro-organismos.
2. Higienização. Imergir em água com solução clorada durante 15 minutos. Esse processo elimina 94,5% de micro-organismos. Em seguida, colocar de molho em vinagre diluído (duas colheres de sopa em um litro de água) durante 15 minutos.
3. Enxágue. Retirar da solução e mergulhar em água filtrada.

DICAS NA COZINHA

Veja, a seguir, algumas dicas úteis para a compra e o preparo dos produtos utilizados na cozinha vegana.

1. Ao comprar brócolis, couve-flor, beterraba, nabo e rabanete, escolha aqueles com as ramas e utilize-as antes que mudem a cor. No caso de brócolis, as partes mais perecíveis são as flores, que ficam amarelas em poucos dias, perdendo, assim, a clorofila. As folhas duram mais tempo, e os talos podem ser aproveitados em sopas, saladas, recheios, conservas etc.
   Aproveite sempre os talos de salsa, coentro, agrião, couve, brócolis, e as folhas das raízes, como rabanete, nabo, cenoura, beterraba, e também da couve-flor.
2. Utilize como tempero ervas frescas ou secas, como manjericão, alecrim, orégano, coentro, salsa, cebolinha, tomilho, sálvia, nirá e muitas outras.

3. Ao cozinhar folhas verdes, não deixe que estas percam a cor e o brilho. A clorofila é preservada no cozimento rápido, como o salteado ou levemente refogado, ou refogado sem gordura.

4. Evite processar, ralar e picar os vegetais muito antes de serem consumidos, pois, em contato com o oxigênio, estes perdem parte de suas vitaminas e oxidam-se. O ideal é processá-los e prepará-los logo em seguida.

5. O arroz integral preparado na panela de pressão é muito saboroso, entretanto muitas pessoas não a usam pelo inconveniente de terem de abri-la para ver se o alimento já está no ponto. Uma técnica que dá certo para verificar o cozimento do arroz integral sem abrir a panela de pressão e sem desligar o fogo é respingar água na lateral da panela, na parte mais próxima à chama do fogo. Se esta escorrer, é porque ainda há água dentro da panela; se secar imediatamente, o arroz já terá absorvido todo o líquido e estará pronto para ser consumido.

6. O arroz integral cozido somente na água e no sal pode ser conservado em temperatura ambiente se for acrescentada ameixa umeboshi.

7. Para aliviar o ardido da cebola quando consumida crua, pique-a e deixe-a de molho durante alguns minutos em água gelada.

8. As panelas grossas, feitas de barro, ferro e pedra, levam mais tempo no processo de aquecimento, mas, quando aquecidas, mantêm bastante o calor. Assim, quando usar essas panelas, o fogo deve ser desligado antes que a água seque totalmente, para não queimar o alimento.

9. Para que as panelas de barro e pedra não se quebrem ou rachem durante o preparo do alimento, é necessário que passem por um processo de aquecimento, seguido de um choque térmico, antes de serem utilizadas. O procedimento para se fazer isso é o seguinte:
   » lave e seque a panela;
   » em seguida, passe óleo e leve ao forno quente ou deixe ao sol até secar. Repita esse processo três vezes;
   » retire do calor e mergulhe em água fria; e
   » lave com detergente ou sabão neutro.

Para que a comida não fique com gosto desse óleo queimado, a dica é juntar folhas e cascas de legumes em água e deixar ferver durante alguns minutos. Repetir essa operação pelo menos duas vezes antes de utilizar a panela novamente.

10. Todos os feijões devem ficar de molho de 6 a 12 horas antes de seu preparo. A água do molho deve ser dispensada, e os grãos, cozidos em água fresca.

11. Deixe as hortaliças já lavadas e higienizadas na geladeira, pois isso facilita o trabalho e economiza tempo na cozinha, principalmente para aquelas que serão ingeridas em saladas cruas. Lembre-se de que a higienização das verduras leva cerca de 40 minutos.

    Legumes como abóbora, cenoura, beterraba, nabo, chuchu, abobrinha, bardana etc. devem ser preparados com a casca. Para isso, lave-os com uma escovinha, a fim de que sejam retirados todos os resíduos de terra.

12. Recomendamos que, em refogados, utilize-se o azeite de sansa, de segunda prensada, que suporta temperaturas mais elevadas. Para uso em pratos prontos, que já foram ao calor, ou em molhos e saladas, a referência é o azeite extravirgem.

RECEITAS

AS INFORMAÇÕES NUTRICIONAIS DAS RECEITAS SÃO BASEADAS EM TABELAS DE COMPOSIÇÃO NUTRICIONAL CUJOS VALORES SÃO INFLUENCIADOS PELA COMPOSIÇÃO DO SOLO, PELA QUALIDADE DA ÁGUA UTILIZADA NO PLANTIO, PELO CLIMA, ENTRE OUTROS. PORTANTO, CONSIDERAMOS QUE O VALOR DOS NUTRIENTES É APROXIMADO, COM MARGEM DE ERRO. AS RECEITAS EM QUE NÃO CONSTAREM MINERAIS NA INFORMAÇÃO TÊM QUANTIDADE MÍNIMA OU NÃO INFORMADA EM TABELAS. PARA ALIMENTOS COMO AGAVE, MALTE, CACAU EM PÓ, TEMPEH ETC., UTILIZAM-SE OS VALORES CONSTANTES DE SEUS RÓTULOS. TODAS AS RECEITAS SÃO ISENTAS DE LACTOSE E 85% DELAS NÃO CONTÊM GLÚTEN.

PRATOS PRINCIPAIS

O PRATO PRINCIPAL EM UM CARDÁPIO É AQUELE MAIS ELABORADO OU QUE CONTRIBUI COM APORTE PROTEICO MAIOR

ACARAJÉ	QUICHE
ARROZ À PIAMONTESE	RISOTO DE ABÓBORA E SHIITAKE
BOBÓ DE SHIITAKE	ROCAMBOLE DE GRÃO-DE-BICO
ESTROGONOFE DE PALMITO E SHIMEJI	SALADA DE CEREAIS
FALÁFEL	SALPICÃO
FEIJOADA ORIENTAL	SHIMEJI COM QUIABO
HAMBÚRGUER DE GRÃOS E SEMENTES	SUFLÊ DE CENOURA
MOQUECA DE TOFU E CASTANHA-DE-CAJU	SUSHI AGUÉ
NHOQUE DE AIPIM	TEMPEH GRELHADO
PANQUECA DE AVEIA COM RECHEIO DE SHIMEJI E ALHO-PORÓ	TORTILHA
QUIBE	VAGEM COM AMENDOIM

ACARAJÉ

Prato fácil de preparar, mas que exige planejamento para que o pré-preparo seja feito com o feijão de molho horas antes, a fim de retirar o máximo da película. O feijão deve ser bem escorrido e processado, até ficar como uma massa fina e lisa, um pouco mole, mas consistente. Ao degustar, se quiser, passe um pouco de pimenta no bolinho ou na saladinha com tomate e cebola.

PARA A MASSA

- » 240g (1 xícara) de feijão-fradinho
- » 80g de cebola (2 unidades pequenas)
- » 5g (1 colher de chá) de sal marinho
- » azeite para untar o tabuleiro

PARA O RECHEIO

- » 200g de tomate (2 unidades médias)
- » 40g de cebola (1 unidade pequena)
- » 2,5g (1/2 colher de chá) de sal marinho
- » 10g (2 colheres de chá) de azeite extravirgem
- » 10ml (2 colheres de chá) de sumo de limão
- » coentro e pimenta calabresa a gosto

PREPARO DA MASSA

1. Coloque o feijão-fradinho de molho durante 8 a 12 horas. Esfregue os grãos e retire as películas que ficam boiando sobre a água (faça esse processo até retirar 90% das películas).
2. Corte as cebolas em pedaços.
3. Passe no processador ou bata no liquidificador os grãos escorridos até se tornarem uma pasta homogênea. Acrescente a cebola picada e o sal e faça o formato dos bolinhos com uma colher de arroz.
4. Distribua em um tabuleiro untado com azeite. Leve ao forno baixo durante 50 minutos aproximadamente.
5. Esse prato pode ser acompanhado de cebola, tomate, azeite, limão e sal.

NÃO CONTÉM GLÚTEN

RENDIMENTO:
4 PORÇÕES

NÍVEL DE DIFICULDADE:
BAIXO

TEMPO DE PREPARO:
65 MINUTOS +
1 NOITE DE MOLHO

INFORMAÇÕES NUTRICIONAIS
PROTEÍNA: 12g
LIPÍDIO: 1,4g
CARBOIDRATO: 36,7g
CALORIAS: 200
CÁLCIO: 50mg
FERRO: 3mg
ZINCO: 2,4mg

24% DE PROTEÍNA,
APENAS 6% DE LIPÍDIO E
70% DE CARBOIDRATO.

PREPARO DO RECHEIO

1. Retire as sementes dos tomates e pique-os em cubos pequenos. Faça o mesmo com a cebola. Acrescente o sal, o azeite e o limão. Se gostar, jogue coentro fresco picadinho. Um pouco de pimenta calabresa também é uma boa pedida!

DICAS

» A cebola processada solta muito líquido, o que muda a consistência da massa. Por isso, deve ser picada em cubos bem pequenos.
» Total da massa: 520g
» Total do feijão hidratado sem película: 2 1/3 xícaras (380g)

ARROZ À PIAMONTESE

A receita original leva creme de leite, que aqui é substituído pelo queijo de soja batido. Utilizo o tofu soft *para que o prato fique mais leve. Como o arroz não fica de molho, a quantidade de água nesse caso é aumentada.*

PARA O CREME

- » 200g de tofu *soft*
- » 100ml (1/2 xícara) de água
- » 30g (3 colheres de sopa) de cebolinha (parte branca)
- » 5g (1 colher de chá) de sal marinho

PARA O ARROZ

- » 100g de cebola (1 unidade média)
- » 400g de cogumelo-de-paris
- » 200g (1 xícara) de arroz-cateto integral orgânico
- » 5g (1 colher de chá) de sal marinho
- » 800ml (4 xícaras) de água

PREPARO

1. Bata todos os ingredientes do creme no liquidificador. Reserve.
2. Refogue a cebola sem óleo, acrescente o cogumelo-de-paris cortado em lâminas finas, o arroz e o sal.
3. Mexa bem, acrescente a água e cozinhe em fogo alto até ferver.
4. Em seguida, deixe cozinhar em fogo baixo por aproximadamente 25 minutos, até a água secar.
5. Misture esses ingredientes ao creme de tofu e vá mexendo em fogo baixo durante 5 minutos.

OBSERVAÇÃO

- » Há duas maneiras de se preparar o arroz integral: deixando de molho e desprezando a água, ou refogando, como nesta receita. Neste caso, a quantidade de água é maior.

NÃO CONTÉM GLÚTEN

RENDIMENTO:
4 PORÇÕES

NÍVEL DE DIFICULDADE:
BAIXO

TEMPO DE PREPARO:
45 MINUTOS

INFORMAÇÕES NUTRICIONAIS:
PROTEÍNA: 10g
LIPÍDIO: 3g
CARBOIDRATO: 40g
CALORIAS: 220
CÁLCIO: 100mg
FERRO: 4mg
ZINCO: 1,15mg

18% DE PROTEÍNA,
12% DE LIPÍDIO,
70% DE CARBOIDRATO.

BOBÓ DE SHIITAKE

A primeira vez que fiz bobó foi em um almoço para mais de 100 pessoas no Palácio de Cristal, em Petrópolis, nos anos 1980.

Esta é uma receita energética, que soma gordura e carboidrato de qualidade. Além disso a raiz é utilizada para melhorar a função do rim (raiz do corpo), de acordo com a dietética energética (chinesa e macrobiótica).

É um dos pratos preferidos de meu filho, Sereno.

INGREDIENTES

» 400ml (2 xícaras) de água
» 300g (2 xícaras) de aipim descascado
» 15g (1 colher de chá) de colorau
» 10g (2 colheres de chá) de sal marinho
» 2 folhas de alga nori
» 400g (2 bandejas) de shiitake
» 60g (1/4 de xícara) de cebola
» 8ml (1/2 colher de sopa) de óleo de coco
» 50ml (1/4 de xícara) de leite de coco (*ver* receita na página 148)
» 40g (1 colher de sopa) de sumo de gengibre
» 12g (1/2 xícara) de coentro fresco

PREPARO

1. Cozinhe na água o aipim, o colorau e metade do sal.
   Bata-os com a água do cozimento e reserve.
2. Pique, com uma tesoura, as folhas de alga nori em pedaços
   bem pequenos.
3. Corte o shiitake e a cebola em cubos.
4. Doure a cebola no óleo de coco, acrescente o shiitake, a outra metade
   do sal e a alga picada, coloque o leite de coco e o sumo de gengibre e
   deixe ferver em fogo baixo durante 10 minutos, aproximadamente.
5. Acrescente o aipim batido, mantenha o fogo baixo e mexa durante
   5 minutos para não grudar.
6. Acrescente o coentro e desligue o fogo.

NÃO CONTÉM GLÚTEN

RENDIMENTO:
4 PORÇÕES

NÍVEL DE DIFICULDADE:
MÉDIO

TEMPO DE PREPARO:
50 MINUTOS

INFORMAÇÕES NUTRICIONAIS:
PROTEÍNA: 2,5g
LIPÍDIO: 10g
CARBOIDRATO: 28g
CALORIAS: 200
CÁLCIO: 12mg
FERRO: 1,06mg

5% DE PROTEÍNA,
45% DE LIPÍDIO,
55% DE CARBOIDRATO.

DICAS

» Ao comprar o coco, verifique se o "olho" tem cheiro de mofo ou de estragado. Só leve o coco que estiver totalmente seco.
» Quanto mais pesado estiver, mais suculento o coco poderá estar.
» Para retirar a casca dura do coco, segure-o com um pegador de salada e o aproxime da chama do fogo, girando-o. Em seguida, jogue-o com força no chão ou bata com um martelo ou soquete de madeira. Assim, a casca sairá inteira, desgrudada da polpa.

ESTROGONOFE DE PALMITO E SHIMEJI

Um prato de baixa caloria com quase 20% de proteína, pouco mais de 40% de gordura e de carboidrato. O uso da melancia no molho é inspirado na culinária macrobiótica.

INGREDIENTES

» 200g (1 bandeja) de shimeji
» 200g (1 xícara) de palmito
» 60g (1/4 de xícara) de cebola
» 15g (3 colheres de chá) de azeite
» 10g (2 colheres de chá) de sal marinho
» 320g (2 xícaras de chá) de melancia descascada
» 80g (1 xícara) de cenoura em cubos
» 5g (1 colher de chá) de páprica picante
» 80g de tofu
» 10g (2 colheres de chá) de farinha de arroz
» 100ml (1/2 xícara) de água fria

PREPARO

1. Desfie o shimeji e corte o palmito e a cebola em cubos.
2. Refogue a cebola no azeite até ficar dourada, acrescente o palmito, o shimeji e metade do sal marinho e refogue-os durante 10 minutos. Reserve.
3. Corte a melancia, bata (com os caroços) no liquidificador e coe.
4. Coloque em uma panela a cenoura, o suco da melancia, a páprica picante e a outra metade do sal marinho.
5. Cozinhe em fogo baixo até que a cenoura fique macia (em torno de 15 minutos). Em seguida, bata-a no liquidificador com o tofu e a farinha de arroz dissolvida em água fria.
6. Junte a mistura ao shimeji e ao palmito e vá mexendo em fogo médio até ferver e adquirir textura cremosa.
7. Baixe o fogo, mexa por aproximadamente 3 minutos e desligue.

NÃO CONTÉM GLÚTEN

RENDIMENTO:
4 PORÇÕES

NÍVEL DE DIFICULDADE:
MÉDIO

TEMPO DE PREPARO:
40 MINUTOS

INFORMAÇÕES NUTRICIONAIS
PROTEÍNA: 4,5g
LIPÍDIO: 5g
CARBOIDRATO: 12g
CALORIAS: 110
CÁLCIO: 44,7mg
FERRO: 1,24mg
ZINCO: 0,48mg

16% DE PROTEÍNA,
41% DE LIPÍDIO,
43% DE CARBOIDRATO.

FALÁFEL

Faláfel é um bolinho à base de grão-de-bico, temperado especialmente com coentro e/ou salsa e frito em óleo bem quente (fritura funda). Come-se dentro do pão árabe com molho de tahine e salada de folhas, tomate e pepino, picles ou pepino e molho de tahine.

É um lanche rápido do Oriente Médio. Em sua composição nutricional há proteína, carboidrato, gordura, vitaminas e minerais, o que o torna uma refeição completa.

Aqui optei por uma versão mais saudável, assada e não frita, em vez de fritá-los, pois o molho à base de tahine oferece 80% de suas calorias em gordura.

PARA O BOLINHO

- » 130g (1 xícara) de grão-de-bico
- » 5g (1 colher de chá) de sal marinho
- » 2,5g (1/4 de colher de chá) de cominho
- » 30g (1 xícara) de coentro
- » 130g de cebola (1 unidade média)
- » 10g (1 colher de sobremesa) de gengibre fresco
- » 8g (1/2 colher de sopa) de azeite para untar

PARA O MOLHO

- » 10ml (2 colheres de sobremesa) de sumo de limão
- » 160g (1/4 de xícara) de tahine
- » 13g (1/2 colher de chá) de creme de alho (*ver* receita na página 137)
- » 150ml (1/4 de xícara) de água gelada
- » sal a gosto

PREPARO DO BOLINHO

1. Deixe o grão-de-bico de molho por 6 a 12 horas.
2. Escorra-o, retire a pele, esfregando os grãos entre as mãos, e passe no processador. Em seguida, acrescente o cominho, o coentro, a cebola e o gengibre e processe até formar uma massa.

NÃO CONTÉM GLÚTEN

RENDIMENTO:
3 PORÇÕES

NÍVEL DE DIFICULDADE:
BAIXO

TEMPO DE PREPARO:
45 MINUTOS +
1 NOITE DE MOLHO

INFORMAÇÕES NUTRICIONAIS:

PORÇÃO DE BOLINHO COM 3
UNIDADES DE 25g
CADA UMA (75g)
PROTEÍNA: 9g
LIPÍDIO: 2,3g
CARBOIDRATO: 25g
CALORIAS: 150
CÁLCIO: 98,6mg
FERRO: 0,8mg
ZINCO: 1,5mg

24% DE PROTEÍNA,
14% DE LIPÍDIO E
POUCO MAIS DE 60% DE
CARBOIDRATO.

MOLHO: 1 PORÇÃO DE 15g
PROTEÍNA: 4g
LIPÍDIO: 8g
CALORIAS: 88
CÁLCIO: 94mg
ZINCO: 2,8mg

18% DE PROTEÍNA,
82% DE LIPÍDIO E
0% DE CARBOIDRATO.

3. Molde os bolinhos com as mãos e coloque-os em uma fôrma untada com o azeite.
4. Asse em forno médio durante 30 minutos.

PREPARO DO MOLHO

1. Esprema o limão, separe o sumo, misture-o no tahine e mexa bem até que fique uma pasta homogênea.
2. Acrescente o creme de alho, a água e o sal.

MONTAGEM

» O faláfel acompanha salada de folhas (alface, rúcula, agrião ou outra de sua preferência), tomate, picles ou pepino e o molho de tahine. Uma versão mais saudável, menos calórica e bastante saborosa.

» Se preferir, substitua, no molho, o alho pelo gengibre ralado, o que auxilia na digestão da gordura do tahine.

» Abra o pão árabe e passe 15g (1 colher de chá) do molho de tahine, espalhe a salada verde picada, tomate e 3 bolinhos de faláfel. Enrole o pão fazendo um charuto. Sirva com brotos de trevo, alfafa etc.

OBSERVAÇÕES

» Se optar por assar os bolinhos, mantê-los no forno a 180°C durante 20 minutos.

» Caso escolha fritá-los, usar a técnica de fritura funda (*ver* página 31 – "Técnicas de cozimento").

» A massa pronta tem 225g.

INFORMAÇÕES NUTRICIONAIS:

CADA PORÇÃO DE
3 BOLINHOS COM
15G DE MOLHO
PROTEÍNA: 13g
LIPÍDIO: 10g
CARBOIDRATO: 25g
CALORIAS: 240
CÁLCIO: 252,5mg
FERRO: 2mg
ZINCO: 4,2mg

22% DE PROTEÍNA,
37% DE LIPÍDIO E
41% DE CARBOIDRATO.

ESSE PRATO, SEM O PÃO
E A SALADINHA, SÓ COM
O BOLINHO E O MOLHO
DE TAHINE, TEM 22% DE
PROTEÍNA, POUCO MAIS
DE 37% DE GORDURA E
POUCO MAIS DE 40% DE
CARBOIDRATO.

FEIJOADA ORIENTAL

Azuki é um feijão de grão miúdo, cozimento rápido e grau de fermentação bem menor que o dos demais feijões. É utilizado na macrobiótica e dietética chinesa para problemas nos rins.

No primeiro encontro de comunidades rurais do qual participei, em Visconde de Mauá, no Rio de Janeiro, há muitos anos, cozinhei esse feijão em uma panela de pedra e usei a tampa dessa panela como uma tábua para cortar a bardana. Isso comprova que, mesmo longe de uma cozinha equipada, no improviso de uma barraca, é possível comer uma receita altamente terapêutica, com quase 0% de gordura.

INGREDIENTES

- » 120g (1 xícara) de feijão-azuki
- » 50g de tofu semidefumado
- » 80g de bardana fina
- » 100g de cogumelo-de-paris
- » 6 folhas de louro
- » 10g (2 colheres de chá) de sal
- » 30g (4 rodelas finas) de gengibre ralado
- » 40g (4 colheres de chá) de creme de alho (*ver* receita na página 137)
- » 800ml (4 xícaras) de água

PREPARO

1. Deixe o feijão-azuki de molho no dia anterior. No dia seguinte, escorra e lave.
2. Descasque o tofu semidefumado e rale.
3. Lave a bardana com uma escova e corte em pedaços de 2cm.
4. Lave os cogumelos e corte-os em 4 partes.
5. Misture com as folhas de louro, o sal, o gengibre e o creme de alho e faça um refogado sem gordura. Caso prefira não refogar, junte tudo na panela e cozinhe direto.
6. Junte tudo em uma panela comum com água, acrescente o feijão e cozinhe em fogo baixo durante 30 a 45 minutos aproximadamente.

OBSERVAÇÃO

- » O tempo de cozimento em panela de pressão é em torno de 20 minutos, com menos 200ml (1 xícara) de água.

NÃO CONTÉM GLÚTEN

RENDIMENTO:
4 PORÇÕES

NÍVEL DE DIFICULDADE:
MUITO BAIXO

TEMPO DE PREPARO:
55 MINUTOS +
1 NOITE DE MOLHO

INFORMAÇÕES NUTRICIONAIS:
PROTEÍNA: 7g
LIPÍDIO: 0,12g
CARBOIDRATO: 22g
CALORIAS: 117
CÁLCIO: 89mg
FERRO: 3mg

24% DE PROTEÍNA,
0,85% DE LIPÍDIO,
POUCO MAIS DE
75% DE CARBOIDRATO .

HAMBÚRGUER DE GRÃOS E SEMENTES

Ainda que indiquemos o feijão-fradinho, fica bom com qualquer outro feijão. Não gosto de utilizar farinha de trigo, por exemplo, porque a massa fica pesada. Assim, essa opção da farinha de sementes e castanha-do-pará confere leveza à massa, tornando-a mais nutritiva.

INGREDIENTES

- » 40g (2 colheres de sopa) de lentilha
- » 40g (2 colheres de sopa) de feijão-fradinho
- » água suficiente para o molho
- » 20g (2 colheres de sopa) de semente de linhaça
- » 30g (2 colheres de sopa) de semente de gergelim
- » 50g (4 colheres de sopa) de castanha-do-pará triturada
- » 100g de cebola (1 unidade média)
- » 25g (1 colher de chá) de cominho em pó
- » 60g (1/4 de xícara) de alho-poró inteiro (partes verde e branca) cortado bem miúdo
- » 5g (1 colher de chá) de sal marinho
- » 20g (2 colheres de sopa) de cebolinha picada
- » 8g (1/2 colher de sopa) de azeite

PREPARO

1. Coloque a lentilha e o feijão-fradinho de molho de véspera, escorra e ferva em fogo baixo com outra água. Deixe os grãos esfriarem na água, escorra e reserve.
2. Toste as sementes de linhaça e de gergelim e bata no liquidificador com a castanha, formando uma farinha.
3. Refogue a cebola cortada bem pequena, junte o cominho em pó, o alho-poró, o sal, o feijão-fradinho e a lentilha escorridos.
4. Passe-os no processador ou liquidificador.
5. Acrescente a cebolinha, o azeite e misture tudo, amassando bem.
6. Molde os hambúrgueres em fôrma vazada direto em um refratário untado com azeite e leve ao forno médio durante 30 minutos.

NÃO CONTÉM GLÚTEN

RENDIMENTO:
4 PORÇÕES

NÍVEL DE DIFICULDADE
MÉDIO

TEMPO DE PREPARO:
55 MINUTOS +
1 NOITE DE MOLHO

INFORMAÇÕES NUTRICIONAIS
PROTEÍNA: 8,5g
LIPÍDIO: 13,7g
CARBOIDRATO: 16g
CALORIAS: 220
CÁLCIO: 96,4mg
FERRO: 3mg
ZINCO: 16mg

15% DE PROTEÍNA,
56% DE LIPÍDIO E
29% DE CARBOIDRATO.

MOQUECA DE TOFU E CASTANHA-DE-CAJU

Combinação de sabores muito interessante, fica ótima se acompanhada de arroz de brócolis.

PARA A MASSA

- » 1 tofu *soft* de 270g
- » 5g (1/2 colher de chá) de coentro desidratado
- » 5g (1 colher de chá) de sal marinho
- » 16g (1 colher de sopa) de sumo de gengibre
- » 1 folha de alga nori

PARA O MOLHO

- » 200g de tomate (2 unidades)
- » 150g de cebola (1 unidade média)
- » 30g (1 xícara) de coentro fresco (1 molho pequeno)
- » 30g (2 colheres de sopa) de gengibre ralado
- » 5g (1 colher de sobremesa rasa) de azeite
- » 100ml (1/2 xícara) de leite de coco (*ver* receita na página 148)
- » 16 castanhas-de-caju inteiras, cruas e sem sal
- » 5g (1 colher de chá) de sal marinho

PREPARO DA MASSA

1. Passe o tofu, o coentro desidratado, o sal e o sumo do gengibre no processador e divida em 4 partes de 75g. Use uma colher de arroz para moldar o formato (como um bolinho de acarajé).
2. Cozinhe no vapor durante 15 minutos e deixe esfriar. Em seguida, corte a folha de alga nori em 4 tiras e enrole uma tira em cada parte do tofu.

PREPARO DO MOLHO

1. Corte o tomate e a cebola em cubos pequenos. Retire as sementes do tomate. Separe os galhos do coentro.
2. Refogue a cebola e o gengibre no azeite. Em seguida jogue o leite de coco, a castanha-de-caju, o sal e acrescente o tofu enrolado na alga. Cubra com os galhos de coentro e deixe ferver em fogo baixo durante 10 minutos.

NÃO CONTÉM GLÚTEN

RENDIMENTO:
4 PORÇÕES

NÍVEL DE DIFICULDADE:
MÉDIO

TEMPO DE PREPARO:
35 MINUTOS

INFORMAÇÕES NUTRICIONAIS:
PROTEÍNA: 10g
LIPÍDIO: 16g
CARBOIDRATO: 6g
CALORIAS: 200
CÁLCIO: 140,5mg
FERRO: 4,6%
ZINCO: 1,2%

20% DE PROTEÍNA,
70% DE LIPÍDIO,
10% DE CARBOIDRATO.

NHOQUE DE AIPIM

Este é um prato feito exclusivamente com legumes, indicado, principalmente, para as pessoas que só comem legumes se forem escondidos no meio de outro alimento. A massa não leva farinha, por isso, é assada ao forno para que não se desmanche na água.

INGREDIENTES

- » 750g de aipim sem casca
- » 1 litro de água
- » 10g (2 colheres de chá) de sal marinho
- » 5g (1/2 colher de chá) de tomilho fresco
- » azeite para untar as fôrmas
- » 100ml (1/2 xícara) de molho *fake* de champignon (*ver* receita na página 104)
- » 10g de castanha-do-pará tostada para cobrir (5 unidades)

PREPARO

1. Corte o aipim em pedaços.
2. Cozinhe com a água e sal por 20 a 30 minutos, até ficar macio. Escorra a água e guarde para sopas ou outras preparações.
3. Retire e dispense os fiapos do aipim. Passe o aipim no processador.
4. Junte o tomilho à massa.
5. Misture bem, abra em uma pedra levemente untada com azeite e vá cortando em bolinhas pequenas.
6. Em um recipiente, unte com azeite e distribua as bolinhas distantes umas das outras. Leve ao forno quente durante 5 minutos.
7. Sirva com molho *fake* de champignon e cubra com castanha--do-pará tostada.

OBSERVAÇÃO

- » O forno deve estar bem quente ao colocar o nhoque; caso contrário, perderá o formato de bolinhas e ficará achatado.

NÃO CONTÉM GLÚTEN-

RENDIMENTO:
4 PORÇÕES

NÍVEL DE DIFICULDADE:
BAIXO

TEMPO DE PREPARO:
55 MINUTOS

INFORMAÇÕES NUTRICIONAIS:

MASSA
PROTEÍNA: 2g
LIPÍDIO: 0,57g
CARBOIDRATO: 69g
CALORIAS: 290

3% DE PROTEÍNA,
2% DE LIPÍDIO,
95% DE CARBOIDRATO

MASSA, MOLHO E
CASTANHA-DO-PARÁ
PROTEÍNA: 6,45g
LIPÍDIO: 7,4g
CARBOIDRATO: 75,5g
CALORIAS: 394
CÁLCIO: 26,5mg

6,5% DE PROTEÍNA,
17% DE LIPÍDIO,
POUCO MAIS DE
75% DE CARBOIDRATO

PANQUECA DE AVEIA COM RECHEIO DE SHIMEJI E ALHO-PORÓ

Como essa massa é neutra, fica boa com recheio tanto doce quanto salgado.

Diferente da panqueca tradicional, cuja base são ovo e leite, esta versão ajuda no controle do colesterol, é rica em fibras e pobre em gordura. E, para melhorar, muito fácil de preparar!

PARA A MASSA

» 80g (1 xícara) de aveia em flocos finos

» 200ml (1 xícara) de água

» 5g (1 colher de chá) de sal marinho

PARA O RECHEIO

» 200g (1 bandeja) de shimeji

» 2,5g (1 colher de café) de sal marinho

» 30g de alho-poró inteiro (partes verde e branca) (1 unidade média)

PREPARO DA MASSA

1. Bata a aveia, a água e o sal no liquidificador. Aguarde cerca de 5 minutos para que a aveia absorva a água e a massa engrosse.

2. Em uma frigideira antiaderente, espalhe a massa e doure ambos os lados.

PREPARO DO RECHEIO

1. Desfie o shimeji e coloque em uma frigideira, concentrando o conteúdo no centro. Salpique o sal e cozinhe em fogo baixo com a panela tampada por 15 a 20 minutos, até que todo o líquido seque.

2. Pique o alho-poró (partes verde e branca) e misture ao shimeji.

3. Tampe e deixe no vapor durante 3 minutos com o fogo desligado.

CONTÉM GLÚTEN

RENDIMENTO:
4 PORÇÕES

NÍVEL DE DIFICULDADE:
BAIXO

TEMPO DE PREPARO:
50 MINUTOS

INFORMAÇÕES NUTRICIONAIS:

MASSA
PROTEÍNA: 2,8g
LIPÍDIO: 0,28g
CARBOIDRATO: 13g
CALORIAS: 65,5
CÁLCIO: 10mg
FERRO: 1mg
ZINCO: 1mg

17% DE PROTEÍNA,
4% DE LIPÍDIO,
79% DE CARBOIDRATO.

RECHEIO
PROTEÍNA: 2g
LIPÍDIO: 0,04g
CALORIAS: 8,36

95,6% DE PROTEÍNA,
4,4% DE LIPÍDIO.

MASSA E RECHEIO
PROTEÍNA: 4,8g
LIPÍDIO: 0,32g
CARBOIDRATO: 13g
CALORIAS: 74

26% DE PROTEÍNA,
4% DE LIPÍDIO,
70% DE CARBOIDRATO.

QUIBE

Neste quibe não é necessário colocar nada na massa além dos temperos. Muitas pessoas acreditam que, caso não haja carne na massa, não haverá liga para enrolar e, assim, decidem acrescentar farinha. Não há necessidade. Seguem duas receitas de recheios: com queijo de soja (tofu) e com seitan (ou glúten, proteína do trigo), que imita a carne moída da receita tradicional.

> **CONTÉM GLÚTEN**
>
> RENDIMENTO:
> 4 PORÇÕES
>
> NÍVEL DE DIFICULDADE:
> BAIXO
>
> TEMPO DE PREPARO:
> 1 HORA E 10 MINUTOS

PARA A MASSA

» 140g (1 xícara) de trigo para quibe

» 10g (2 colheres de chá) de sal marinho

» 200ml (1 xícara) de água quente

» 70g (1/3 de xícara) de cebola ralada ou processada

» 20g (2 colheres de sopa) de hortelã picada

» 8g (1/2 colher de sopa) de azeite

PREPARO

1. Lave o trigo para quibe em uma peneira e ponha em um recipiente fundo com o sal e a água quente. Deixe durante 8 a 15 minutos, ou até que absorva toda a água.

2. Pique a cebola e a hortelã em pedaços bem pequenos, e tempere o trigo para quibe, amassando bem com as mãos.

3. Unte as mãos com azeite e abra a massa na palma da mão. Coloque o dedo polegar na massa para abrir um espaço para o recheio de sua preferência. Após rechear, feche a massa, formando os quibes com as mãos.

4. Asse durante 20 minutos, em forno a 260°C ou 280°C, pré-aquecido, por 10 minutos.

RECHEIO DE QUEIJO DE SOJA (TOFU)

INGREDIENTES

» 120g de tofu amassado

» 50g (1/2 xícara) de cebolinha

» 5g (1/2 colher de chá) de sal marinho

» 8 azeitonas verdes sem caroço (3g cada uma), cortadas em 4 partes

PREPARO

1. Amasse o tofu, com um garfo.
2. Pique a cebolinha bem miúda. Acrescente as azeitonas e misture-as com o tofu e a cebolinha.
3. Recheie o quibe e frite ou asse no forno quente.

OBSERVAÇÕES

» Total da massa pronta: 480g para ser dividida em 4 porções de 120g cada uma.
» Total de recheio: 160g
» Em vez de fazer o formato de quibe em porções individuais, pode-se optar por colocar a massa em uma fôrma ou pirex para cortar depois de assado.

INFORMAÇÕES NUTRICIONAIS

MASSA: PARA CADA PORÇÃO
PROTEÍNA: 5,6g
LIPÍDIO: 8g
CARBOIDRATO: 23g
CALORIAS: 180
CÁLCIO: 4,5mg
FERRO: 0,2mg

10% DE PROTEÍNA,
40% DE LIPÍDIO E
50% DE CARBOIDRATO.

RECHEIO DE TOFU PARA CADA PORÇÃO
PROTEÍNA: 3,8g
LIPÍDIO: 3,5g
CARBOIDRATO: 1,9g
CALORIAS: 54
CÁLCIO: 60,78mg
FERRO: 1,77mg

28% DE PROTEÍNA,
58% DE LIPÍDIO E
14% DE CARBOIDRATO.

MASSA E RECHEIO DE TOFU: PARA CADA PORÇÃO
PROTEÍNA: 9,4g
LIPÍDIO: 11,5g
CARBOIDRATO: 25g
CALORIAS: 240
CÁLCIO: 65mg
FERRO: 1,97mg

POUCO MAIS DE
15,6% DE PROTEÍNA,
POUCO MAIS DE
43% DE LIPÍDIO E
POUCO MAIS DE
40% DE CARBOIDRATO.

RECHEIO DE SEITAN (OU GLÚTEN)

Esse recheio imita a carne moída e oferece uma quantidade bastante considerável de proteína.

INGREDIENTES

» 100g (1 xícara) de seitan

» 15ml (1 colher de sopa) de shoyu

» 5g (1 colher de sobremesa rasa) de azeite

» 30g (2 colheres de sopa) de cebola em cubos bem pequenos

» 30g (3 colheres de sopa) de cebolinha

» 4 azeitonas verdes

» azeite para untar as fôrmas

PREPARO

1. Pique o seitan bem miúdo ou passe rapidamente no processador ou moedor e leve ao fogo médio com o shoyu e o azeite.

2. Dê uma salteada de 3 minutos e acrescente a cebola e a cebolinha.

3. Formate os quibes com o recheio e coloque uma azeitona sem caroço em cada uma.

4. Aqueça o forno por 15 minutos de 260°C a 280°C.

5. Coloque em fôrma untada com azeite e asse durante 15 minutos, até ficar crocante.

INFORMAÇÕES NUTRICIONAIS:

RECHEIO DE SEITAN PARA CADA PORÇÃO
PROTEÍNA: 19g
LIPÍDIO: 2g
CARBOIDRATO: 3,45g
CALORIAS: 108
CÁLCIO: 35,5mg
FERRO: 1,3mg

70% DE PROTEÍNA,
17% DE LIPÍDIO,
13% DE CARBOIDRATO.

MASSA E RECHEIO DE SEITAN PARA CADA PORÇÃO
PROTEÍNA: 24,6g
LIPÍDIO: 10g
CARBOIDRATO: 26g
CALORIAS TOTAIS: 290
CÁLCIO: 40mg
FERRO: 1,5mg

34% DE PROTEÍNA,
30% DE LIPÍDIO E
36% DE CARBOIDRATO.

FONTE DA INFORMAÇÃO NUTRICIONAL DO SEITAN:
USDA NATIONAL NUTRIENT DATABASE FOR STANDARD, REFERENCE – RELEASE 24, DECEMBER 2011.

QUICHE

A massa original de quiche é preparada com ovos e manteiga ou margarina. Esta receita é feita com farinha integral e azeite, o que torna a massa mais leve e saudável.

PARA A MASSA

- » 60g (1/4 de xícara) de farinha de trigo branca
- » 60g (1/4 de xícara) de farinha de trigo integral
- » 40g (4 colheres de sobremesa cheias) de azeite
- » 2,5g (1/2 colher de chá) de sal marinho

PARA O RECHEIO

- » 30g (2 colheres de sopa) de alho-poró (parte branca)
- » 200g de abobrinha (2 unidades médias)
- » 5g (1 colher de chá) de sal marinho
- » 120g de tofu
- » 5g (1 colher de sobremesa rasa) de azeite

PREPARO DA MASSA

1. Misture todos os ingredientes secos.
2. Em seguida, vá acrescentando o azeite e amassando com as mãos.
3. Pegue uma parte da massa e aperte na palma da mão com os dedos juntos. Se a massa ficar firme e compacta, estará no ponto.
4. Abra a massa em fôrmas individuais, acrescente o recheio e asse em forno médio durante 30 minutos.

PREPARO DO RECHEIO

1. Corte o alho-poró em rodelas finas e reserve.
2. Rale a abobrinha, acrescente o sal, misture bem.
3. Coloque essa mistura sobre a palma da mão e esprema até sair todo o líquido da abobrinha.
4. Reserve a abobrinha ralada e bata, no liquidificador ou processador, o tofu com o líquido da abobrinha.
5. Refogue o alho-poró no azeite durante 2 minutos. Em seguida, misture-o com o tofu batido e a abobrinha ralada.
6. Coloque o recheio sobre a massa.

CONTÉM GLÚTEN

RENDIMENTO:
4 PORÇÕES

NÍVEL DE DIFICULDADE:
BAIXO

TEMPO DE PREPARO:
45 MINUTOS

INFORMAÇÕES NUTRICIONAIS:

MASSA
PROTEÍNA: 3g
LIPÍDIO: 10g
CARBOIDRATO: 22g
CALORIAS: 190
CÁLCIO: 6,5mg
FERRO: 1mg

6% DE PROTEÍNA,
47% DE LIPÍDIO E
POUCO MAIS DE
40% DE CARBOIDRATO.

RECHEIO:
PROTEÍNA: 4,3g
LIPÍDIO: 2,75g
CARBOIDRATO: 4g
CALORIAS: 57,7
CÁLCIO: 6,4mg
FERRO: 2mg

29% DE PROTEÍNA,
43% DE LIPÍDIO E
POUCO MAIS DE
27% DE CARBOIDRATO.

RECHEIO E MASSA
PROTEÍNA: 7,3g
LIPÍDIO: 9,75g
CARBOIDRATO: 26g
CALORIAS: 220
CÁLCIO: 70,5mg
FERRO: 3mg

13% DE PROTEÍNA,
40% DE LIPÍDIO,
47% DE CARBOIDRATO.

RISOTO DE ABÓBORA E SHIITAKE

Esta receita também pode ser feita com o arroz já cozido, aquela sobra que você não quer jogar fora. Nesse caso, diminua a quantidade de purê de abóbora.

INGREDIENTES

- » 1 alho-poró (parte branca)
- » 200g de shiitake
- » 200g (1 xícara) de arroz-cateto
- » 5g (1 colher de chá) de sal marinho
- » 600ml (3 xícaras) de purê de abóbora okaido (*ver* receita na página 92)
- » água, se necessário
- » alecrim a gosto
- » gersal (*ver* receita na página 139)

PREPARO

1. Corte o alho-poró em rodelas finas e pique o shiitake em cubinhos. Lave o arroz.
2. Refogue o alho-poró, o shiitake, o arroz e o sal durante 3 minutos em fogo baixo. Acrescente o purê de abóbora e deixe cozinhar em fogo baixo durante 30 minutos ou até o arroz ficar macio.
3. Se for necessário, acrescente um pouco de água. Salpique o alecrim sobre cada porção.
4. Sirva com gersal.

OBSERVAÇÃO

- » Mexa de vez em quando, para que não agarre no fundo da panela.

NÃO CONTÉM GLÚTEN

RENDIMENTO:
4 PORÇÕES

NÍVEL DE DIFICULDADE:
MÉDIO

TEMPO DE PREPARO:
50 MINUTOS

INFORMAÇÕES NUTRICIONAIS:
PROTEÍNA: 5G
LIPÍDIO: 13G
CARBOIDRATO: 38g
CALORIAS: 280
CÁLCIO: 80mg

7% DE PROTEÍNA,
42% DE LIPÍDIO,
POUCO MAIS DE
50% DE CARBOIDRATO.

ROCAMBOLE DE GRÃO-DE-BICO

Um bom exemplo de alimento nutritivo, a combinação do grão-de-bico com as amêndoas aumenta a proteína do prato, além de oferecer textura crocante e bastante saborosa. O recheio de brócolis aumenta o teor de cálcio.

INGREDIENTES

» 120g (1 xícara) de grão-de-bico
» 5g (1 colher de chá) de sal marinho
» 50g de cebola (1 unidade pequena)
» 120g (1 xícara) de brócolis
» molho de amêndoas (*ver* receita na página 103)

PREPARO

1. Deixe o grão-de-bico de molho de véspera.
2. Escorra e cozinhe com outra água e metade do sal na panela de pressão durante 15 minutos. Retire toda a água e passe os grãos no processador.
3. Pique a cebola em cubos e refogue sem óleo.
4. Corte os brócolis (flores e folhas) bem miúdo e acrescente à cebola com a outra parte do sal. Mexa e desligue rapidamente.
5. Abra a massa do grão-de-bico sobre um plástico. Coloque o recheio, deixando uma parte de 2 dedos da massa para fechar, e enrole.
6. Leve ao forno, somente para esquentar, durante 10 minutos em fogo alto.
7. Retire do forno e acrescente o molho de amêndoas.

NÃO CONTÉM GLÚTEN

RENDIMENTO:
4 PORÇÕES

NÍVEL DE DIFICULDADE:
MÉDIO

TEMPO DE PREPARO:
45 MINUTOS

INFORMAÇÕES NUTRICIONAIS:

ROCAMBOLE
PROTEÍNA: 7,36g
LIPÍDIO: 1,68g
CARBOIDRATO: 18,87g
CALORIAS: 120
CÁLCIO: 56,37mg
FERRO: 5mg

25% DE PROTEÍNA,
12% DE LIPÍDIO,
63% DE CARBOIDRATO.

MOLHO DE AMÊNDOAS
PROTEÍNA: 4g
LIPÍDIO: 11g
CARBOIDRATO: 7g
CALORIAS: 140
CÁLCIO: 60mg
ZINCO: 1mg

11% DE PROTEÍNA,
POUCO MAIS DE
69% DE LIPÍDIO,
19,5% DE CARBOIDRATO.

ROCAMBOLE E
MOLHO DE AMÊNDOAS
PROTEÍNA: 11,36g
LIPÍDIO: 12,68g
CARBOIDRATO: 25,87g
CALORIAS: 260
CÁLCIO: 116,37mg
FERRO: 5,08mg
ZINCO: 1,75mg

POUCO MAIS DE
17% DE PROTEÍNA,
43% DE LIPÍDIO,
POUCO MAIS DE
39% DE CARBOIDRATO.

SALADA DE CEREAIS

Para variar, os cereais podem ser substituídos por trigo em grão, cevadinha, milho e arroz negro. Optei pelos grãos isentos de glúten.

Este prato lembra um cuscuz marroquino e pode ser servido como prato único, dada a variedade de alimentos nutritivos, com valor bastante considerável de cálcio e proteína.

INGREDIENTES

- » 40g (1/5 de xícara) de arroz-cateto integral orgânico
- » 40g (1/2 xícara) de quinoa
- » 40g (1/2 xícara) de painço
- » 150ml (3/4 de xícara) de água
- » 200g de champignon
- » 200g de cenoura (1 unidade grande)
- » 1 cebola pequena
- » 5g (1 colher de chá) de sal marinho
- » 120g (1 xícara) de flores de brócolis inteiras, bem miúdas
- » 200g de tofu
- » 8g (1/2 colher de sopa) de azeite
- » 60g (1/4 de xícara) de passas pretas

PREPARO

1. Lave os grãos separadamente.
2. Cozinhe o arroz .
3. Ponha a quinoa e o painço juntos em uma panela. Em seguida, acrescente a água e cozinhe em fogo baixo e em panela tampada por 15 minutos (até a água secar).
4. Corte o champignon em lascas e a cenoura e a cebola em cubos pequenos.
5. Refogue a cebola sem óleo, acrescente a cenoura, o champignon e 2/3 da quantidade de sal, mexa bem, em fogo baixo, por 10 minutos.
6. Dê um choque térmico nos brócolis, mergulhando-os em água quente e, imediatamente, na água gelada.
7. Corte o tofu em cubos e tempere com o azeite e o sal que restou.
8. Deixe os grãos esfriarem, junte os brócolis, o tofu, o champignon com a cebola, as passas e sirva com molho de amêndoas (*ver* receita na página 103).

NÃO CONTÉM GLÚTEN

RENDIMENTO:
4 PORÇÕES

NÍVEL DE DIFICULDADE:
MÉDIO

TEMPO DE PREPARO:
50 MINUTOS

INFORMAÇÕES NUTRICIONAIS:

SALADA
PROTEÍNA: 14g
LIPÍDIO: 7g
CARBOIDRATO: 42g
CALORIAS SEM O MOLHO: 287
CÁLCIO: 150mg
FERRO: 4mg

19,5% DE PROTEÍNA,
22% DE LIPÍDIO,
58,5% DE CARBOIDRATO.

SALADA COM MEIA PORÇÃO
DO MOLHO
PROTEÍNA: 16g
LIPÍDIO: 12,5g
CARBOIDRATO: 45,5g
CALORIAS: 358,5
CÁLCIO: 180mg
FERRO: 4,4mg

18% DE PROTEÍNA,
31% DE LIPÍDIO,
POUCO MAIS DE
50% DE CARBOIDRATO.

SALPICÃO

Esta receita é uma boa opção para acompanhar sanduíches também. O shimeji substitui o frango desfiado. Temperado com shoyu, dá um toque especial ao prato.

INGREDIENTES

- » 100g (meia bandeja) de shimeji
- » 20ml (2 colheres de sopa) de shoyu
- » 200g de cenoura (1 unidade grande)
- » 20g (1 colher de sopa) de passas
- » 40g (1 colher de sopa) de azeitonas verdes sem caroço
- » 40g (2 colheres de sopa) de maionese de soja (*ver* receita na página 101)
- » 120g de inhame palha (2 unidades pequenas) (*ver* receita na página 89)

PREPARO

1. Desfie o shimeji, misture o shoyu e leve ao forno alto por cerca de 15 minutos, até secar. Vá mexendo para não queimar.
2. Rale a cenoura e junte as passas, as azeitonas e a maionese de soja. Misture tudo, exceto o inhame.
3. Acrescente o inhame palha no momento de servir para que continue com textura crocante.

NÃO CONTÉM GLÚTEN

RENDIMENTO:
4 PORÇÕES

NÍVEL DE DIFICULDADE:
MÉDIO

TEMPO DE PREPARO:
25 MINUTOS

INFORMAÇÕES NUTRICIONAIS
PROTEÍNA: 8,22g
LIPÍDIO: 5g
CARBOIDRATO: 11,75g
CALORIAS SEM O INHAME PALHA: 125
CALORIAS COM O INHAME PALHA: 220
CÁLCIO: 11Mg

26% DE PROTEÍNA,
POUCO MAIS DE
36% DE LIPÍDIO,
37% DE CARBOIDRATO

SHIMEJI COM QUIABO

Muitas pessoas não gostam de quiabo por causa da baba que solta. Para resolver isso e deixá-lo sequinho, acrescento limão quando já está refogado, adicionando água apenas quando o quiabo está bem seco. Um prato mineiro com abóbora-d'água verde ou chuchu vira o "guisado", que, acompanhado de polenta, fica muito bom! O quiabo, por ser escorregadio, é utilizado para evitar constipação intestinal.

INGREDIENTES

» 200g (1 bandeja) de shimeji

» 400g de quiabo

» 200g de cebola (1 unidade média)

» 16g (1 colher de sopa) de azeite

» 5g (1 colher de chá) de sal marinho

» 15ml (1 colher de sopa) de caldo de limão

» 3g (1 colher de chá) de curry

» 100ml (1/2 xícara) de água

» 30g (1/2 xícara) de cebolete ou cebolinha

PREPARO

1. Desfie o shimeji. Lave o quiabo, seque com papel toalha e pique em pedaços de 2cm.
2. Pique a cebola em cubos pequenos e doure no azeite.
3. Em seguida, acrescente o quiabo e metade do sal. Mexa bem e, assim que soltar a baba, acrescente o caldo do limão e vá mexendo até ficar bem soltinho e seco.
4. Coloque o shimeji, o restante do sal e o curry e misture bem. Acrescente a água e cozinhe em fogo baixo durante 10 minutos e em fogo médio por mais 5 minutos.
5. Salpique a cebolete cortada bem miúda.

NÃO CONTÉM GLÚTEN

RENDIMENTO:
4 PORÇÕES

NÍVEL DE DIFICULDADE:
MÉDIO

TEMPO DE PREPARO:
35 MINUTOS

INFORMAÇÕES NUTRICIONAIS:
PROTEÍNA: 3g
LIPÍDIO: 4,4g
CARBOIDRATO: 7,4g
CALORIAS: 80
CÁLCIO: 62mg

15% DE PROTEÍNA,
48% DE LIPÍDIO,
37% DE CARBOIDRATO

SUFLÊ DE CENOURA

Nesta receita, o ovo é substituído pelo tofu soft, *que dá leveza semelhante à da clara do ovo. O preparo é simples, e o resultado, saboroso. Este suflê também fica muito bom com chuchu, abóbora ou couve-flor.*

INGREDIENTES

- » 100g de cebola (1 unidade média)
- » 600g de cenoura (3 unidades grandes)
- » 5g (1 colher de sobremesa rasa) de azeite
- » 10g (2 colheres de chá) de sal marinho
- » 50ml (1/4 de xícara) de água
- » 20g (2 colheres de sopa) de cebolinha (parte branca)
- » 2g (1 colher de café) de noz-moscada
- » 160g de tofu orgânico *soft*
- » 20g (1 colher de sopa) de maionese de soja (*ver* receita na página 101)

PREPARO

1. Corte a cebola e a cenoura em pedaços e refogue-as no azeite e no sal.
2. Acrescente a água e deixe cozinhar em fogo baixo durante 15 minutos, até a cenoura ficar macia.
3. Passe no processador a cebolinha, a noz-moscada, o tofu e a cenoura cozida.
4. Ponha tudo em um recipiente e misture a maionese de soja.
5. Leve ao forno para gratinar.

NÃO CONTÉM GLÚTEN

RENDIMENTO:
4 PORÇÕES

NÍVEL DE DIFICULDADE:
MUITO BAIXO

TEMPO DE PREPARO:
30 MINUTOS

INFORMAÇÕES NUTRICIONAIS:
PROTEÍNA: 7,5g
LIPÍDIO: 6,5g
CARBOIDRATO: 15,75g
CALORIAS: 150
CÁLCIO: 75Mg
FERRO: 2,54mg

20% DE PROTEÍNA,
39% DE LIPÍDIO,
POUCO MAIS DE
40% DE CARBOIDRATO

SUSHI AGUÉ

Sucesso entre as pessoas que não são vegetarianas também, é uma das receitas preferidas de minha filha, Brisa.

Uma receita prática que serve para viagens, piqueniques, festas, além de ser bastante nutritiva e muito saborosa.

INGREDIENTES

» 300g (2 xícaras) de cenoura

» 500g (2 1/2 xícaras) de champignon

» 180g (2 xícaras) de quinoa em grão

» 400ml (2 xícaras) de água

» 60g de agué (6 unidades)

» 130g de cebola (1 unidade grande)

» 120g (1 xícara) de flores de brócolis

» 5g (1 colher de chá) de sal marinho

» molho de amêndoas (*ver receita na página 103*)

» repolho roxo, passas pretas, uma flor de brócolis e cenoura para decorar

PREPARO

1. Pique a cenoura em cubos pequenos e o champignon em lascas finas.

2. Lave a quinoa em uma peneira e cozinhe-a em água fervente, fogo baixo, durante 10 minutos, até a água secar.

3. Ferva o agué, escorra, esprema com as mãos para sair toda a água.

4. Seque com papel toalha e abra uma das quatro laterais do agué.

5. Pique a cebola em cubos pequenos e refogue sem óleo. Em seguida, acrescente a cenoura e o champignon e deixe cozinhar durante 10 minutos.

6. Dê um choque térmico nas flores de brócolis. Misture tudo na quinoa cozida, tempere com parte do molho de amêndoas e recheie o agué como se fosse uma trouxinha. Coloque 1/2 colher de chá de molho de amêndoas sobre cada agué e enfeite com repolho roxo, passas pretas, uma flor de brócolis e cenoura.

NÃO CONTÉM GLÚTEN

RENDIMENTO:
4 PORÇÕES

NÍVEL DE DIFICULDADE
MÉDIO

TEMPO DE PREPARO:
55 MINUTOS

INFORMAÇÕES NUTRICIONAIS:
PROTEÍNA: 2,5g
LIPÍDIO: 10g
CARBOIDRATO: 28g
CALORIAS: 200
CÁLCIO: 12mg
FERRO: 1,06mg

5% DE PROTEÍNA,
45% DE LIPÍDIO,
55% DE CARBOIDRATO.

TEMPEH GRELHADO

É uma excelente fonte de proteína da soja.

A primeira vez que comi tempeh foi em um curso de macrobiótica. Cortado em quadrados bem pequenos e cozido com painço é tudo de bom!

O tempeh é considerado o filé mignon da soja e uma das melhores maneiras de se utilizar essa leguminosa, pois fica mais digestiva e possibilita melhor aproveitamento dos nutrientes.

INGREDIENTES

- » 30ml (1 1/2 colher de sopa) de shoyu
- » 3g (1/2 colher de chá) de creme de alho (*ver* receita na página 137)
- » 30ml (2 colheres de sopa) de caldo de laranja
- » 1 tablete de 250g de tempeh

PREPARO

1. Misture o shoyu, o creme de alho e o caldo de laranja.
2. Corte o tempeh em 4 partes e, em seguida, divida cada parte, para que fique mais fina. Deixe marinando na mistura dos temperos de 30 a 40 minutos ou de véspera, na geladeira. Passe na grelha e doure ambos os lados.

NÃO CONTÉM GLÚTEN

RENDIMENTO:
3 PORÇÕES

NÍVEL DE DIFICULDADE:
MUITO BAIXO

TEMPO DE PREPARO:
35 A 45 MINUTOS OU
5 MINUTOS + 1 NOITE
MARINANDO

INFORMAÇÕES NUTRICIONAIS:
PROTEÍNA: 16g
LIPÍDIO: 6g
CARBOIDRATO: 9,7g
CALORIAS: 158
CÁLCIO: 118mg

40,5% DE PROTEÍNA,
34% DE LIPÍDIO,
POUCO MAIS DE
24% DE CARBOIDRATO.

TORTILHA

Esta receita, com suas variações, é tradicional na Espanha e na Argentina. A base é feita com batata e ovo.

Nesta versão, com queijo de soja, a quantidade de cálcio e proteína é considerável. Se preferir uma tortilha mais grossa, é só dobrar a quantidade de batata.

INGREDIENTES

- » 100g de batata-inglesa (1 unidade pequena)
- » água para fervura
- » 40g cebola (1 unidade pequena)
- » 5g (1 colher de sobremesa rasa) de azeite
- » 100g de tofu
- » 50ml (1/4 de xícara) de água
- » 2,5g (1/2 colher de chá) de sal marinho
- » 1g (1/2 colher de chá) de orégano (opcional)

PREPARO

1. Coloque a batata com casca em uma panela pequena com água suficiente para cobri-la.
2. Deixe ferver em fogo baixo e em panela tampada por aproximadamente 8 minutos.
3. Desligue o fogo e deixe a batata na panela até a água esfriar. Retire a casca e corte-a em aproximadamente 10 rodelas finas. Reserve.
4. Corte a cebola em tiras e doure-as no azeite em uma frigideira pequena (de fritar ovo).
5. Bata, no liquidificador, o tofu, a água, a metade da cebola dourada e o sal.
6. Misture o restante da cebola dourada nos ingredientes batidos no liquidificador.
7. Na mesma frigideira em que dourou a cebola, coloque a metade do tofu, distribua a batata, cubra-a com o restante do tofu e salpique o orégano.
8. Doure ambos os lados.

RENDIMENTO:
1 PORÇÃO

NÍVEL DE DIFICULDADE:
BAIXO

TEMPO DE PREPARO:
30 MINUTOS

INFORMAÇÕES NUTRICIONAIS:
PROTEÍNA: 14G
LIPÍDIO: 9G
CARBOIDRATO: 21G
CALORIAS: 220
CÁLCIO: 200MG
FERRO: 6MG
ZINCO: 1MG

25% DE PROTEÍNA,
37% DE LIPÍDIO,
38% DE CARBOIDRATO.

VAGEM COM AMENDOIM

Uma refeição com baixo teor de carboidrato, boa fonte de gordura e proteína em quantidade significativa. O amendoim deve ser conservado em lugar arejado e fresco. Quando cozido, é classificado como uma leguminosa.

INGREDIENTES

» 120g (1 xícara) de vagem

» 100g (3/4 de xícara) de amendoim

» 30g de alho-poró inteiro (partes verde e branca)

» 160g de tomate (2 unidades)

» 5g (1 colher de chá) de sal marinho

» 400ml (2 xícaras) de água

PREPARO

1. Corte a vagem finamente, em sentido enviesado. Toste o amendoim no forno e retire as peles.

2. Corte o alho-poró em rodelas finas. Retire as sementes do tomate e pique-o em cubos pequenos.

3. Refogue a parte branca do alho-poró, a vagem, o sal e o tomate. Coloque-os no meio da panela, abaixe o fogo e tampe. Cozinhe durante 15 minutos.

4. Acrescente o amendoim e cozinhe por mais 5 minutos. Em seguida, coloque a parte verde do alho-poró.

5. Caso o cozimento não tenha sido suficiente, pingue água aos poucos até que o cozimento se complete.

NÃO CONTÉM GLÚTEN

RENDIMENTO:
4 PORÇÕES

NÍVEL DE DIFICULDADE:
BAIXO

TEMPO DE PREPARO:
45 MINUTOS

INFORMAÇÕES NUTRICIONAIS:
PROTEÍNA: 8g
LIPÍDIO: 11g
CARBOIDRATO: 8,8g
CALORIAS: 166
CÁLCIO: 19mg
FERRO: 1,06mg

POUCO MAIS DE 19% DE PROTEÍNA,
59% DE LIPÍDIO,
E 21% DE CARBOIDRATO.

ACOMPANHAMENTOS

ABÓBORA OKAIDO COM MOLHO ACEBOLADO DE TAHINE

ARROZ DE BRÓCOLIS

ARROZ INTEGRAL COM BROTO DE LENTILHA

ARROZ MALUCO

CROÛTON INTEGRAL DE ALHO

FAROFA DE GÉRMEN DE TRIGO

INHAME PALHA

ONIGUIRI

PURÊ DE ABÓBORA OKAIDO

SALADA PRIMAVERA

SUSHI MINEIRO

VERDURA NO BAFO

ABÓBORA OKAIDO COM MOLHO ACEBOLADO DE TAHINE

A abóbora okaido, além de saborosa, é muito utilizada na macrobiótica e dietética chinesa para tonificar a energia do baço, pâncreas e estômago.

INGREDIENTES

- » 400g de abóbora okaido com a casca
- » 250ml (1 1/4 xícara) de água
- » 1g (1/2 colher de café) de sal marinho
- » 200g de cebola (1 unidade grande)
- » 30ml (2 colheres de sopa) de shoyu
- » 20g (1 colher de sobremesa cheia) de tahine
- » 10g de folhas de manjericão para decorar

PREPARO

1. Corte a abóbora em fatias de 100g cada uma. Leve-as ao fogo em água fervente e sal, e cozinhe em fogo baixo de 3 a 5 minutos.
2. Corte a cebola em fatias finas.
3. Retire a abóbora e distribua em um pirex.
4. Pegue a água do cozimento e bata no liquidificador com o shoyu e o tahine.
5. Refogue a cebola sem óleo, misture no molho e coloque-o sobre as abóboras.
6. Enfeite com as folhas de manjericão.

NÃO CONTÉM GLÚTEN

RENDIMENTO:
4 PORÇÕES

NÍVEL DE DIFICULDADE:
BAIXO

TEMPO DE PREPARO:
25 MINUTOS

INFORMAÇÕES NUTRICIONAIS:
PROTEÍNA: 2,3g
LIPÍDIO: 2,7g
CARBOIDRATO: 2,7g
CALORIAS: 44
CÁLCIO: 64mg
FERRO: 2mg

21% DE PROTEÍNA,
55% DE LIPÍDIO,
24% DE CARBOIDRATO.

ARROZ DE BRÓCOLIS

Nesta receita, o brócolis é cozido no vapor do arroz. Assim, é possível manter seu verde brilhante e conservar todos os nutrientes, a cor, o sabor e a textura. É um prato saudável e de preparo muito prático.

INGREDIENTES

- » 200g (1 xícara) de arroz-cateto integral
- » água filtrada suficiente para deixar o arroz de molho
- » 5g (1 colher de chá) de sal marinho
- » 500ml (2 1/2 xícaras) de água
- » 180g (2 xícaras) de brócolis comuns (flores)
- » 10g (1 colher de sopa) de alho dourado (opcional)

PREPARO

1. Lave o arroz e deixe-o de molho, em água filtrada suficiente para cobrir o arroz, por 3 horas.
2. Escorra a água e lave-o novamente. Em seguida, leve o arroz ao fogo alto com metade do sal e a água até ferver, e em fogo baixo até secar a água, depois de 20 a 30 minutos.
3. Separe as flores dos brócolis, pique-as em pedaços bem pequenos e misture a outra metade do sal. Deixe sorar por 5 minutos.
4. Misture o alho e coloque no arroz cozido logo que desligar o fogo, mexendo bem.
5. Sirva com geralga ou gersal (ver receitas nas páginas 138 e 139, respectivamente).

OBSERVAÇÕES

- » É sempre bom lembrar que os valores de minerais como cálcio, zinco e ferro aqui mencionados variam muitíssimo, principalmente de acordo com a composição do solo.

NÃO CONTÉM GLÚTEN

RENDIMENTO:
6 PORÇÕES

NÍVEL DE DIFICULDADE:
MUITO BAIXO

TEMPO DE PREPARO:
38 MINUTOS

INFORMAÇÕES NUTRICIONAIS:
PROTEÍNA: 4g
LIPÍDIO: 1g
CARBOIDRATO: 39g
CALORIAS: 180
CÁLCIO: 28MG

9% DE PROTEÍNA,
5% DE LIPÍDIO,
80% DE CARBOIDRATO.

ARROZ INTEGRAL COM BROTO DE LENTILHA

Este prato imita o arroz com lentilha. Germinado, aumenta o teor de nutrientes, além de ficar muito saboroso e ser fácil de preparar.

INGREDIENTES

- » 600g de cebola (3 unidades grandes)
- » 20g (2 colheres de sobremesa cheias) de azeite
- » 45ml (3 colheres de sopa) de shoyu
- » 240g (1 xícara) de arroz integral
- » 500ml (2 1/2 xícaras) de água
- » 2,5g (1/2 de colher de chá) de sal marinho
- » 300g (2 xícaras) de broto de lentilha

PREPARO

1. Pique a cebola em tiras bem finas e doure-as no azeite. Em seguida, desligue o fogo, acrescente o shoyu e reserve.
2. Deixe o arroz de molho, coberto com água durante 12 horas.
3. Lave-o, escorra e ponha para cozinhar com a água e o sal.
4. Deixe em fogo alto até ferver e em fogo baixo até secar toda a água, por aproximadamente 20 a 30 minutos.
5. Desligue o fogo e misture o broto de lentilha. Sobre cada porção, espalhe a cebola dourada.

OBSERVAÇÕES

- » A semente germinada ganha vida, energia vital, pronta para ser consumida crua, em saladas, sucos ou levemente refogada. Compre em lojas de produtos naturais, feiras e mercados de produtos orientais, ou prepare conforme o modo de preparo da germinação (*ver* página 33 – "Métodos aplicados").
- » Os valores de cálcio e ferro são referentes ao broto de feijão. (Tabela de composição química dos alimentos, de Guilherme Franco.)

NÃO CONTÉM GLÚTEN

RENDIMENTO:
6 PORÇÕES

NÍVEL DE DIFICULDADE:
BAIXO

TEMPO DE PREPARO:
35 MINUTOS + 1 NOITE

INFORMAÇÕES NUTRICIONAIS:
PROTEÍNA: 9g
LIPÍDIO: 6g
CARBOIDRATO: 35g
CALORIAS: 230
CÁLCIO: 30mg
FERRO: 1mg
ZINCO: 2,3mg

15,6% DE PROTEÍNA,
23% DE LIPÍDIO,
POUCO MAIS DE
60% DE CARBOIDRATO

ARROZ MALUCO

Em um jantar em casa, sobrou um arroz de brócolis e preparei esta mistura. Uma amiga adorou e sugeriu o nome "Arroz maluco".

INGREDIENTES

- 280g de arroz de brócolis (*ver* receita na página 84)
- 60g (1/2 xícara) de nozes
- 90g (3/4 de xícara) de granola sem glúten
- 30g (2 colheres de sobremesa) de ervilha com raiz-forte (wasabi)

PREPARO

1. Misture o arroz, as nozes, a granola (reserve uma parte para salpicar no final) e a ervilha com raiz-forte e leve ao forno, somente para esquentar, por cerca de 10 minutos em fogo alto.
2. Pegue a granola reservada para salpicar e jogue sobre o arroz antes de ir ao forno.

NÃO CONTÉM GLÚTEN

RENDIMENTO:
4 PORÇÕES

NÍVEL DE DIFICULDADE:
MUITO BAIXO

TEMPO DE PREPARO:
15 MINUTOS

INFORMAÇÕES NUTRICIONAIS:
PROTEÍNA: 7,66g
LIPÍDIO: 11,66g
CARBOIDRATO: 59g
CALORIAS: 370
CÁLCIO: 43mg
FERRO: 2mg

8% DE PROTEÍNA,
28% DE LIPÍDIO,
64% DE CARBOIDRATO.

CROÛTON INTEGRAL DE ALHO

Quando preparado com pão integral, contém mais fibra e nutrientes, além de ser bem saboroso. Pode ser conservado em vidro fechado e utilizado em saladas, sopas, caldos etc.

INGREDIENTES

» 100g de pão integral
» 10g (1 colher de chá) de creme de alho (*ver* receita na página 137)
» 5g (1 colher de chá cheia) de azeite

PREPARO

1. Corte o pão em cubos bem pequenos.
2. À parte, junte o azeite e o creme de alho e misture-os nos cubos de pão com cuidado para que não esfarelem.
3. Distribua os croûtons em uma fôrma refratária e leve-os ao forno quente até que fiquem crocantes.
4. Com uma espátula, mexa de vez em quando para que tostem de forma homogênea.

CONTÉM GLÚTEN

RENDIMENTO:
4 PORÇÕES

NÍVEL DE DIFICULDADE:
BAIXO

TEMPO DE PREPARO:
30 MINUTOS

INFORMAÇÕES NUTRICIONAIS:
PROTEÍNA: 2,35g
LIPÍDIO: 2G
CARBOIDRATO: 12,4g
CALORIAS: 78
CÁLCIO: 33mg
FERRO: 0,75mg
ZINCO: 0,4mg

12% DE PROTEÍNA,
23% DE LIPÍDIO,
POUCO MAIS DE
60% DE CARBOIDRATO.

FAROFA DE GÉRMEN DE TRIGO

Para que esta receita fique ainda mais saborosa, o gérmen de trigo deve estar bem tostado. Caso contrário, o sabor fica muito amargo.

INGREDIENTES

- » 40g (2 colheres de sopa) de passas pretas sem caroço
- » 30g (2 colheres de sopa) de cheiro-verde
- » 40g (1 colher de sopa) de azeitona verde sem caroço
- » 60g de cebola (1 unidade média)
- » 5g (1 colher de chá) de sal marinho
- » 120g (1/2 xícara) de gérmen de trigo tostado
- » 16g (1 colher de sopa cheia) de azeite extravirgem

PREPARO

1. Deixe as passas de molho por 10 minutos e escorra.
2. Pique o cheiro-verde bem miúdo.
3. Corte as azeitonas em 4 partes.
4. Rale a cebola.
5. Leve ao fogo a cebola, as passas, o sal e o gérmen de trigo e mexa bem por 10 minutos em fogo baixo para que o gérmen de trigo não queime.
6. Desligue o fogo e continue mexendo até que diminua o calor.
7. Acrescente o cheiro-verde e o azeite.

CONTÉM GLÚTEN

RENDIMENTO:
4 PORÇÕES

NÍVEL DE DIFICULDADE:
BAIXO

TEMPO DE PREPARO:
20 MINUTOS

TEMPO DE COZIMENTO:
10 MINUTOS

INFORMAÇÕES NUTRICIONAIS:
PROTEÍNA: 8g
LIPÍDIO: 7g
CARBOIDRATO: 19g
CALORIAS: 170
CÁLCIO: 12mg
ZINCO: 4mg

19% DE PROTEÍNA,
37% DE LIPÍDIO,
44% DE CARBOIDRATO.

INHAME PALHA

Criado para imitar a batata palha, é um acompanhamento mais nutritivo e saboroso.

INGREDIENTES

» 1kg de inhame
» 500ml de óleo
» sal a gosto

PREPARO

1. Descasque o inhame, lave e seque com papel toalha.
2. Passe o inhame pelo ralador chinês, em lâmina média, fazendo o movimento de cima para baixo, para que fique em tiras.
3. Deixe o óleo esquentar bem, coloque o inhame, (em pequenas quantidades para não encharcar de óleo), e espalhe com um garfo.
4. Escorra em papel toalha e retire o excesso de gordura, passando papel toalha em cada porção.
5. Salpique o sal.

NÃO CONTÉM GLÚTEN

RENDIMENTO:
6 PORÇÕES

NÍVEL DE DIFICULDADE:
MÉDIO

TEMPO DE PREPARO:
40 MINUTOS

INFORMAÇÕES NUTRICIONAIS:
PROTEÍNA: 1,75g
LIPÍDIO: 4,5g
CARBOIDRATO: 12g
CALORIAS: 95
CÁLCIO: 4,2mg
FERRO: 0,14mg

7,5% DE PROTEÍNA,
POUCO MAIS DE
42% DE LIPÍDIO,
50% DE CARBOIDRATO.

ONIGUIRI

Esta receita é uma ótima opção para viagem. A ameixa ajuda na conservação do arroz, fazendo com que suporte temperaturas altas sem fermentar. Além disso, é uma forma de aproveitar a sobra do arroz.

INGREDIENTES

» 1g de alga nori (1 folha)

» 400g (2 xícaras) de arroz bem cozido

» 16g de ameixa umeboshi (4 unidades)

» 10ml (2 colheres de sobremesa) de shoyu

» 60g (4 colheres de sobremesa) de gersal (*ver* receita na página 139)

PREPARO

1. Corte a folha de alga em 8 tiras.

2. Separe o arroz em 4 partes iguais.

3. Abra cada parte do arroz sobre a palma da mão e passe uma ameixa umeboshi amassada, espalhando, até que todo o arroz interno fique com a cor rosada da ameixa.

4. Feche em formato retangular.

5. Molhe a mão no shoyu e passe no bolinho. Em seguida, passe o bolinho no gersal, como à milanesa.

6. Pegue 2 tiras de alga e contorne o bolinho.

7. Molhe a ponta para que grude. Faça o mesmo nas outras tiras.

NÃO CONTÉM GLÚTEN

RENDIMENTO:
4 PORÇÕES

NÍVEL DE DIFICULDADE:
MÉDIO

TEMPO DE PREPARO:
30 MINUTOS (TEMPO DE COZIMENTO DO ARROZ). SE UTILIZAR A SOBRA DO ARROZ, CONSIDERE SOMENTE O TEMPO DA MONTAGEM: 10 MINUTOS.

INFORMAÇÕES NUTRICIONAIS:
PROTEÍNA: 6g
LIPÍDIO: 8g
CARBOIDRATO: 29g
CALORIAS: 200
CÁLCIO: 67,5mg
FERRO: 1,56mg
ZINCO: 1mg

12% DE PROTEÍNA,
30% DE LIPÍDIO,
58% DE CARBOIDRATO.

PURÊ DE ABÓBORA OKAIDO

Este purê acompanha o rocambole de grão-de-bico. A okaido é menos fibrosa e mais tenra que as demais abóboras, o que a torna mais doce. Em sua casca há concentração de ferro, e, na polpa, vitamina A.

É utilizada na nutrição energética (macrobiótica e dietética chinesa) para fortalecer a energia do baço.

A combinação do sabor picante do gengibre com o levemente amargo do manjericão com leite de coco dá excelente resultado.

INGREDIENTES

- » 1 abóbora okaido pequena (1,2 kg)
- » 250ml (1 1/4 xícara) de água
- » 200ml (1 xícara) de leite de coco (*ver* receita na página 148)
- » 10g (2 colheres de chá) de sal marinho
- » 15g (1 colher de chá) de gengibre picado
- » 12 folhas pequenas de manjericão, para decorar

PREPARO

1. Pique a abóbora em cubos, com a casca, sem as sementes.
2. Cozinhe na água e no leite de coco, em fogo baixo, com o sal e o gengibre, por 20 minutos.
3. Bata tudo no liquidificador ou passe no processador.
4. Sirva com folhas de manjericão.

NÃO CONTÉM GLÚTEN

RENDIMENTO:
4 PORÇÕES

NÍVEL DE DIFICULDADE:
BAIXO

TEMPO DE PREPARO:
28 MINUTOS

INFORMAÇÕES NUTRICIONAIS:
PROTEÍNA: 7g
LIPÍDIO: 12,5g
CARBOIDRATO: 10,7g
CALORIAS: 180
CÁLCIO: 100mg
FERRO: 6mg

15,5% DE PROTEÍNA,
62,5% DE LIPÍDIO,
POUCO MAIS DE
20% DE CARBOIDRATO.

SALADA PRIMAVERA

Esta receita foi criada em 2000, no restaurante Vegetariano Social Clube (VSC), no Leblon, quando eu era uma das sócias e chef de cozinha.

A salada pode ser considerada uma refeição completa, com variedade de hortaliças e frutas com cores, sabores e texturas diferentes. Colorida, bonita, saborosa e nutritiva.

INGREDIENTES

» 56g de damasco (8 damascos de 7g cada um)
» 200g de abacate (1 unidade pequena)
» 10ml (2 colheres de sobremesa) de sumo de limão
» 240g (1 1/2 xícara) de manga palmer em cubos
» 40g (1 xícara) de broto de trevo
» 70g (1 xícara) de broto de feijão
» água gelada suficiente para cobrir o tofu
» 200g de tofu
» 5g (1 colher de chá) de sal marinho
» 2g (1 colher de chá) de orégano
» 15g (1 colher de sopa rasa) de azeite
» 8 folhas semifechadas de alface americana
» 60g de rúcula (12 folhas)
» 60g de tomates-cereja (12 unidades)
» 32g de azeitonas pretas (8 unidades de 4g cada uma)
» 100g (1 xícara) de croûton integral de alho (*ver* receita na página 87)

PREPARO

1. Corte o damasco sem que perca a forma arredondada.
2. Pique o abacate em cubos e cubra-o com sumo de limão.
3. Corte a manga em palitos.
4. Mergulhe os brotos de trevo e de feijão em água bem gelada e escorra. Ferva o tofu em água suficiente para cobri-lo e com sal por 5 minutos, escorra-o e pique em cubos. Em seguida tempere o tofu com orégano e um pouco de azeite.

SOMENTE OS CROÛTONS CONTÊM GLÚTEN

RENDIMENTO:
4 PORÇÕES

NÍVEL DE DIFICULDADE:
BAIXO

TEMPO DE PREPARO:
20 MINUTOS

INFORMAÇÕES NUTRICIONAIS:
PROTEÍNA: 2,5g
LIPÍDIO: 10g
CARBOIDRATO: 28g
CALORIAS: 200
CÁLCIO: 12mg
FERRO: 1,06mg

5% DE PROTEÍNA,
45% DE LIPÍDIO,
55% DE CARBOIDRATO

5. Monte a salada com alface, rúcula, tomates-cereja, azeitonas, as frutas e os brotos, de forma que todas as cores e formas fiquem visíveis.
6. Salpique os croûtons e o tofu e sirva com molho picante de raízes (*ver* receita na página 105) e maionese de soja (*ver* receita na página 101).

DICA
» Se preferir, deixe o tofu no tempero no dia anterior à elaboração da receita, conservado em geladeira.

OBSERVAÇÃO
» Nas informações nutricionais estão incluídos os croûtons.

SUSHI MINEIRO

Este prato fica muito colorido e saboroso! Foi uma criação da Canthina, o primeiro espaço com lanches veganos que inaugurei no Rio. Funcionava em Botafogo, na extinta cooperativa de produtos orgânicos Coonatura, e, posteriormente, na Associação Sino-Brasileira de Acupuntura, Moxabustão e Terapias Holísticas (Asbamtho), no mesmo bairro.

PARA O SUSHI

- » 100g de rabanetes (2 unidades grandes)
- » 100g de pepino japonês (1 unidade pequena)
- » 200g (1 xícara) de canjiquinha de milho orgânico
- » 250ml (1 1/4 de xícara) de água
- » 5g (1 colher de chá) de sal marinho
- » 7g (1 colher de sobremesa) de açúcar mascavo
- » 30ml (2 colheres de sopa) de caldo de limão
- » 80g de couve (4 folhas médias)
- » 15g (1 colher de chá) de gergelim preto tostado

PARA O MOLHO DE GENGIBRE

- » 80g (2 colheres de sopa) de gengibre
- » 60ml (4 colheres de sopa) de shoyu

PREPARO DO SUSHI

1. Corte o rabanete e o pepino em tiras bem finas.
2. Cozinhe a canjiquinha em fogo baixo com a água. Desligue o fogo e acrescente o tempero (sal, açúcar mascavo e caldo de limão). Deixe esfriar.
3. Mergulhe as folhas de couve inteiras com o cabo em água fervente e em seguida em água gelada (choque térmico).
4. Com uma faca bem afiada, retire o cabo e a parte dura do meio da folha sem deixar furo algum. Dê um formato quadrado na folha, espalhe a canjiquinha deixando dois dedos na parte de cima, coloque algumas tiras de rabanete e pepino na parte de baixo da folha sobre a canjiquinha e enrole apertando bem.

NÃO CONTÉM GLÚTEN

RENDIMENTO:
4 PORÇÕES

NÍVEL DE DIFICULDADE:
MÉDIO

TEMPO DE PREPARO:
35 MINUTOS

INFORMAÇÕES NUTRICIONAIS:
PROTEÍNA: 6g
LIPÍDIO: 2,6g
CARBOIDRATO: 36g
CALORIAS: 190
CÁLCIO: 73mg
FERRO: 2mg

12,6% DE PROTEÍNA,
12,3% DE LIPÍDIO,
POUCO MAIS DE
75% DE CARBOIDRATO.

5. Corte como sushi, um dedo de espessura. Salpique as sementes de gergelim preto sem cobrir as cores.

PREPARO DO MOLHO DE GENGIBRE

1. Rale o gengibre fresco e esprema com as mãos, retirando o caldo e misturando-o ao shoyu.
2. Sirva para acompanhar o sushi.

VERDURA NO BAFO

O limão e a laranja são ricos em vitamina C, importantes para facilitar a absorção do ferro contido nas folhas verdes.

INGREDIENTES

» 120g (1 xícara) de verduras diversas (folhas de brócolis, mostarda, agrião, acelga etc.)

» 5g (1 colher de chá) de sal marinho

» 30ml (2 colheres de sopa) de molho picante de raízes (*ver* receita na página 105) ou molho de azeite com limão

PREPARO

1. Pique as folhas, centralize-as na panela e salpique o sal.
2. Deixe-as em fogo bem baixo com panela tampada por 3 minutos.
3. Desligue e acrescente o molho picante de raízes ou azeite com limão.

OBSERVAÇÕES

» Pode-se fazer um *mix* de folhas, inclusive aproveitando as ramas de beterraba, nabo ou rabanete.

» Para o cálculo ao lado, a verdura utilizada foi brócolis.

» O molho também está incluído nas informações nutricionais.

» Desligue o fogo assim que a verdura murchar, para que não perca a cor e o brilho.

RENDIMENTO:
4 PORÇÕES

NÍVEL DE DIFICULDADE:
MUITO BAIXO

TEMPO DE PREPARO:
6 MINUTOS

INFORMAÇÕES NUTRICIONAIS:
PROTEÍNA: 0,6g
LIPÍDIO: 2g
CARBOIDRATO: 1,45g
CALORIAS: 26
CÁLCIO: 23mg
FERRO: 5mg

9% DE PROTEÍNA,
69% DE LIPÍDIO,
22% DE CARBOIDRATO

MOLHOS

ABACATE AO CURRY

MAIONESE DE SOJA

MOLHO ACEBOLADO DE TAHINE

MOLHO DE ALCAPARRA E MANGA

MOLHO DE AMÊNDOAS

MOLHO *FAKE* DE CHAMPIGNON

MOLHO PICANTE DE RAÍZES

PESTO LIGHT

ABACATE AO CURRY

Uma receita fácil, energética, nutritiva e muito saborosa. Se nunca provou, experimente! É uma boa opção para saladas, sanduíches, canapés e torradas.

INGREDIENTES

» 200g de abacate (1 unidade pequena)

» 20g (2 colheres de sopa) de cebolinha picada

» 15g (1 colher de chá) de salsa picada

» 5g (1 colher de chá) de curry

» 5ml (1 colher de sobremesa) de caldo de limão

» 5g (1 colher de chá) de sal marinho

» 5g (1/2 colher de chá) de creme de alho (*ver* receita na página 137)

PREPARO

1. Amasse o abacate com um garfo.

2. Acrescente a cebolinha e a salsa picadas bem miúdas.

3. Misture o curry, o caldo de limão, o sal e o creme de alho ao abacate amassado.

DICA

» O abacate partido deve ser guardado com o caroço para evitar que fique escuro.

NÃO CONTÉM GLÚTEN

RENDIMENTO:
4 PORÇÕES

NÍVEL DE DIFICULDADE:
MUITO BAIXO

TEMPO DE PREPARO:
3 MINUTOS

INFORMAÇÕES NUTRICIONAIS:
PROTEÍNA: 0,6g
LIPÍDIO: 4g
CARBOIDRATO: 3g
CALORIAS: 50
CÁLCIO: 4mg

5% DE PROTEÍNA,
POUCO MAIS DE
70% DE LIPÍDIO,
24% DE CARBOIDRATO.

MAIONESE DE SOJA

Esta maionese é muito boa para incrementar saladas, gratinados e sanduíches. Saborosíssima, tem consistência igual à da maionese industrializada, porém é muito mais saudável.

INGREDIENTES

» 250ml (1 1/4 de xícara) de leite de soja orgânico
» 20g (1 colher de sopa) de polvilho doce ou araruta
» 5g (1 colher de chá) de sal marinho
» 50ml (1/4 de xícara) de azeite extravirgem
» 80g (8 colheres de sopa) de cebolinha (parte branca)

PREPARO

1. Em uma panela, coloque o leite de soja, o polvilho e o sal.
2. Mexa até ferver e obter textura de mingau.
3. Deixe a mistura esfriar e ponha no liquidificador com a cebolinha.
4. Com o liquidificador ligado, vá derramando azeite em fio até fechar o vácuo no meio do aparelho, entre a hélice e a massa, com a mudança do líquido para a consistência mais pastosa, como a maionese comum.

OBSERVAÇÕES

» Podem ser utilizados temperos a gosto: alho, manjericão, azeitona, orégano. Evite a cebola, pois esta solta muita água, o que ocasiona a mudança da textura e da consistência.
» A conservação da maionese depende dos temperos utilizados. Os desidratados e o alho têm validade maior que os temperos frescos, como cebolinha, manjericão, salsa, etc. A média é de 5 a 7 dias na geladeira, em recipiente de vidro.

NÃO CONTÉM GLÚTEN

RENDIMENTO:
10 PORÇÕES

NÍVEL DE DIFICULDADE:
MÉDIO

TEMPO DE PREPARO:
15 MINUTOS + 15 MINUTOS DE RESFRIAMENTO

INFORMAÇÕES NUTRICIONAIS:
PROTEÍNA: 0,8g
LIPÍDIO: 5,5g
CARBOIDRATO: 0,9g
CALORIAS: 56
CÁLCIO: 4mg

6% DE PROTEÍNA,
88% DE LIPÍDIO,
6% DE CARBOIDRATO.

MOLHO ACEBOLADO DE TAHINE

Este molho combina muito bem com massas, abóbora cozida, tofu e tempeh grelhados, sanduíches, bife de seitan, arroz integral cozido e polenta. É só usar a criatividade!

INGREDIENTES

- » 200g de cebola (1 unidade grande)
- » 3g (1 colher de café) de sal marinho
- » 100ml (1/2 xícara) de água
- » 60g (2 colheres de sopa) de tahine
- » 5ml (1 colher de sobremesa) de shoyu

PREPARO

1. Corte a cebola em rodelas finas.
2. Ponha as cebolas no centro da panela para refogar sem gordura.
3. Salpique o sal.
4. Tampe a panela e deixe em fogo mínimo até as cebolas soltarem todo o líquido.
5. Aumente o fogo e vá mexendo até ficarem douradas.
6. Retire-as da panela e separe.
7. Ferva a água na panela do refogado. Bata a água fervida com tahine e shoyu no liquidificador.
8. Misture o molho na cebola.

NÃO CONTÉM GLÚTEN

RENDIMENTO:
4 PORÇÕES

NÍVEL DE DIFICULDADE:
BAIXO

TEMPO DE PREPARO:
15 MINUTOS

INFORMAÇÕES NUTRICIONAIS:
PROTEÍNA: 5g
LIPÍDIO: 8g
CARBOIDRATO: 4g
CALORIAS: 110
CÁLCIO: 98,6mg
FERRO: 1mg
ZINCO: 2mg

18% DE PROTEÍNA,
65,5% DE LIPÍDIO,
14,6% DE CARBOIDRATO.

MOLHO DE ALCAPARRA E MANGA

A ideia deste molho era aproximá-lo do sabor da mostarda. Saladas, sanduíches e legumes cozidos combinam bem com esse molho.

INGREDIENTES

- » 140g de manga (1 unidade média)
- » 15g (1 colher de chá) de alcaparra

PREPARO

1. Descasque a manga e corte-a em pedaços.
2. Escorra as alcaparras e bata tudo junto no liquidificador.

NÃO CONTÉM GLÚTEN
RENDIMENTO: 4 PORÇÕES
NÍVEL DE DIFICULDADE: MUITO BAIXO
TEMPO DE PREPARO: 15 MINUTOS
INFORMAÇÕES NUTRICIONAIS: PROTEÍNA: 0,14g   LIPÍDIO: 0,1g   CARBOIDRATO: 6g   CALORIAS: 25   CÁLCIO: 4,2mg   2% DE PROTEÍNA,   3,6% DE LIPÍDIO,   96% DE CARBOIDRATO.

MOLHO DE AMÊNDOAS

Este molho é bastante versátil. Pode ser utilizado em massas e saladas e se conserva sob refrigeração durante várias semanas, o que ajuda nas refeições rápidas.

É uma fonte de excelente qualidade de gordura. Bom demais!

INGREDIENTES

- » 100g (3/4 de xícara) de amêndoas
- » 50ml (1/4 de xícara) de azeite
- » 10g (1 colher de chá) de creme de alho (*ver* receita na página 137)
- » 20g (4 colheres de sobremesa) de folhas de manjericão picadas
- » 2,5g (1/2 de colher de chá) de sal marinho

PREPARO

1. Pique as amêndoas com a faca ou passe-as ligeiramente no processador.
2. Leve ao forno quente de 10 a 15 minutos, para tostar.
3. Misture as amêndoas tostadas, o azeite, o creme de alho, as folhas de manjericão e o sal.

NÃO CONTÉM GLÚTEN
RENDIMENTO: 4 PORÇÕES
NÍVEL DE DIFICULDADE: BAIXO
TEMPO DE PREPARO: 20 MINUTOS
INFORMAÇÕES NUTRICIONAIS: PROTEÍNA: 4g   LIPÍDIO: 11g   CARBOIDRATO: 7g   CALORIAS: 140   CÁLCIO: 60mg   ZINCO: 1mg   8% DE PROTEÍNA,   70% DE LIPÍDIO,   20% DE CARBOIDRATO.

MOLHO *FAKE* DE CHAMPIGNON

Acho este molho fantástico! É um bom disfarce para crianças que não gostam de comer legumes. Além de ser bastante nutritivo é muito saboroso e versátil, como o molho de tomate.

INGREDIENTES

- » 50g de abóbora okaido
- » 30g de beterraba (1 unidade pequena)
- » 200g de cenoura (1 unidade grande)
- » 100g de cebola (1 unidade média)
- » 30g de alho-poró (parte branca)
- » 4 folhas de louro
- » 2 galhos de manjericão
- » 4 rodelas de gengibre
- » 5g (1 colher de chá) de sal marinho
- » 300ml (1 1/2 xícara) de água
- » 400g de champignon
- » 30ml (2 colheres de sopa) de shoyu

PREPARO

1. Descasque a abóbora e a beterraba e corte em cubos.
2. Lave a cenoura com uma escovinha e corte em pedaços.
3. Pique a cebola e o alho-poró. Ponha tudo em uma panela com o louro, o manjericão, o gengibre e o sal e cozinhe em água por 30 minutos em fogo baixo.
4. Bata tudo no liquidificador.
5. Corte o champignon em lascas finas e ponha em uma frigideira com o shoyu, mexendo bem, em fogo médio, por 5 minutos.
6. Junte o que foi batido no liquidificador com o champignon refogado e deixe ferver em fogo baixo por 5 a 10 minutos.

NÃO CONTÉM GLÚTEN

RENDIMENTO:
4 PORÇÕES

NÍVEL DE DIFICULDADE:
BAIXO

TEMPO DE PREPARO:
50 MINUTOS

INFORMAÇÕES NUTRICIONAIS:
PROTEÍNA: 3g
LIPÍDIO: 0,5g
CARBOIDRATO: 5g
CALORIAS: 36,5
CÁLCIO: 25mg
FERRO: 2,3mg

33% DE PROTEÍNA,
12% DE LIPÍDIO, POUCO MAIS
DE 50% DE CARBOIDRATO.

MOLHO PICANTE DE RAÍZES

A base deste molho são raízes de nabo e de gengibre, e ambas têm efeito biodegradável.

Esta receita ajuda na digestão da gordura, é muito leve e bastante saborosa. É indicada para acompanhar pratos fritos ou preparados com quantidade maior de gordura (nesse caso, recomenda-se retirar o azeite).

INGREDIENTES

» 40g de gengibre fresco
» 100g de nabo (1 unidade pequena)
» 10ml (1 colher de sopa) de suco de laranja (40g de laranja)
» 5g (1 colher de chá) de sal marinho
» 15g (1 colher de sopa rasa) de azeite extravirgem
» 5g (1/2 colher de chá) de creme de alho (*ver* receita na página 137)

PREPARO

1. Lave o gengibre e o nabo com uma escovinha e rale-os em ralador fino.
2. Esprema bem com as mãos e separe os caldos de ambos (1 colher de sopa de caldo de gengibre e 2 colheres de sopa de caldo de nabo).
3. Misture-os com o suco de laranja, sal, azeite e creme de alho.

OBSERVAÇÃO

» Pode-se fazer outra versão com maracujá, limão ou abacaxi.

NÃO CONTÉM GLÚTEN

RENDIMENTO:
4 PORÇÕES

NÍVEL DE DIFICULDADE:
BAIXO

TEMPO DE PREPARO:
8 MINUTOS

INFORMAÇÕES NUTRICIONAIS:
PROTEÍNA: 0,07g
LIPÍDIO: 4g
CARBOIDRATO: 0,9g
CALORIAS: 40

0,7% DE PROTEÍNA,
POUCO MAIS DE
90% DE LIPÍDIO,
9% DE CARBOIDRATO.

PESTO LIGHT

De acordo com a dietética chinesa e a macrobiótica, os alimentos são utilizados com um fim terapêutico, prevenindo doenças e melhorando a função dos órgãos de nosso corpo. As nozes ajudam na função dos rins e dos pulmões.

Este molho fica muito bom com massas, salada, sanduíches etc.

INGREDIENTES

» 50g de nozes (10 unidades)
» 30g (1/2 xícara) de folhas de manjericão fresco
» 50ml (1/4 de xícara) de água
» 1 dente pequeno de alho
» 2,5g (1/2 de colher de chá) de sal marinho
» 8g (1/2 colher de sopa) de azeite extravirgem

PREPARO

1. Bata, no liquidificador ou no processador, pouco mais da metade das nozes, as folhas de manjericão, a água, o alho e o sal até que se forme um creme.
2. Pique o restante das nozes em pedaços bem pequenos e acrescente, com o azeite.

OBSERVAÇÕES

» Enquanto 1g de proteína e 1g carboidrato têm 4 calorias, 1g de gordura tem 9 calorias.

NÃO CONTÉM GLÚTEN

RENDIMENTO:
4 PORÇÕES

NÍVEL DE DIFICULDADE:
MUITO BAIXO

TEMPO DE PREPARO:
5 MINUTOS + 30 MINUTOS
PARA HIGIENIZAÇÃO DO
MANJERICÃO

INFORMAÇÕES NUTRICIONAIS:
PROTEÍNA: 1,75g
LIPÍDIO: 9,4g
CARBOIDRATO: 2,3g
CALORIAS: 100
CÁLCIO: 13mg

7% DE PROTEÍNA,
70% DE LIPÍDIO,
9% DE CARBOIDRATO.

SOBREMESAS

COMPOTA DE FRUTAS SECAS
GELATINA DE MAÇÃ
MANJAR DE COCO
MOUSSE DE CACAU COM ABACATE
TORTA DE BANANA COM AVEIA
TORTA DE BANANA COM CASTANHA
TORTA DE MAÇÃ
TRICOLOR

COMPOTA DE FRUTAS SECAS

Este mix *saboroso e nutritivo de frutas secas hidratadas era muito pedido no restaurante Vegetariano Social Clube (VSC), no Leblon.*

As frutas são desidratadas e reidratadas com uma soma de sabores por meio de condimentos, como gengibre, limão e canela, sem adição de açúcar.

INGREDIENTES

- » 40g de pera seca (4 unidades)
- » 40g de damasco (8 unidades)
- » 40g (2 colheres de sopa) de passas pretas
- » 60g de ameixa-preta (12 unidades)
- » 10g de gengibre (2 rodelas de 1cm)
- » 500ml (2 1/2 xícaras) de água
- » 20g de canela em pau (1 unidade)
- » 1g (1/2 colher de chá) de raspas de limão

PREPARO

1. Lave as frutas e escorra.
2. Em seguida, corte a pera em 4 pedaços. Coloque na panela junto com damasco, passas, ameixa, gengibre, água e a canela.
3. Ferva os ingredientes em fogo baixo e com panela tampada por 15 minutos.
4. Deixe esfriar e coloque na geladeira. Sirva com raspas de limão.

OBSERVAÇÕES

- » Retire o gengibre e a canela antes de servir.
- » Pode-se bater as frutas no liquidificador e transformá-las em uma geleia.

NÃO CONTÉM GLÚTEN

RENDIMENTO:
4 PORÇÕES

NÍVEL DE DIFICULDADE:
BAIXO

TEMPO DE PREPARO:
20 MINUTOS

INFORMAÇÕES NUTRICIONAIS:
PROTEÍNA: 1g
LIPÍDIO: 0,13g
CARBOIDRATO: 19g
CALORIAS: 80
CÁLCIO: 30mg

5% DE PROTEÍNA,
1,5% DE LIPÍDIO,
90% DE CARBOIDRATO.

GELATINA DE MAÇÃ

Esta é uma receita leve e bastante digestiva.

O ágar-ágar é de origem vegetal e faz o mesmo efeito da gelatina de origem animal. Utilizado em receitas tanto doces quanto salgadas, é uma fonte de colágeno que ajuda na elasticidade da pele, evitando a flacidez.

INGREDIENTES

» 750ml (3 xícaras) de suco de maçã
» 5g (1 colher de chá) de ágar-ágar

PREPARO

1. Misture o suco de maçã e o ágar-ágar, leve ao fogo e mexa até quase ferver.
2. Distribua em potes e ponha para gelar.

NÃO CONTÉM GLÚTEN

RENDIMENTO:
5 PORÇÕES

NÍVEL DE DIFICULDADE:
MUITO BAIXO

TEMPO DE PREPARO:
4 MINUTOS

INFORMAÇÕES NUTRICIONAIS:
CARBOIDRATO: 22,5g
CALORIAS: 90
CÁLCIO: 9mg

100% DE CARBOIDRATO.

MANJAR DE COCO

Esta receita foi feita pela primeira vez na Canthina, da extinta Coonatura, cooperativa de produtos orgânicos pioneira no Rio de Janeiro em divulgação de comida orgânica, localizada em Botafogo e com núcleo rural no Brejal. Inicialmente a Canthina funcionou como lanchonete, e, em seguida, como restaurante.

INGREDIENTES

- » 80g (1 xícara) de arroz japonês polido
- » 350ml (1 3/4 de xícara) de água
- » 320g (2 xícaras) de creme de arroz
- » 200ml (1 xícara) de leite de coco (*ver* receita na página 148)
- » 20g de ameixa-preta seca (4 unidades de 5g, sem caroço)
- » 60g (1 colher de sobremesa) de malte de cereal (4 porções de 15g)

PREPARO

1. Lave o arroz e escorra. Depois, coloque-o em uma panela com água e tampe.
2. Cozinhe em fogo baixo até a água secar completamente.
3. Bata o arroz cozido ainda quente no liquidificador.
4. Acrescente leite de coco a esse arroz e continue batendo no liquidificador até formar um creme.
5. Distribua o creme em quatro potes.
6. Sirva com ameixa-preta seca e malte de cereal.

OBSERVAÇÕES

- » O creme de arroz (etapas 1 e 2 do preparo) pode ser preparado na véspera e conservado na geladeira.
- » A informação nutricional do arroz está contida em sua embalagem.
- » Pode-se aproveitar o resíduo do coco que sobrou da extração do leite para servir sobre o manjar.

NÃO CONTÉM GLÚTEN

RENDIMENTO:
4 PORÇÕES

NÍVEL DE DIFICULDADE:
BAIXO

TEMPO DE PREPARO:
25 MINUTOS

INFORMAÇÕES NUTRICIONAIS:

MANJAR DE COCO:
PROTEÍNA: 0,5g
LIPÍDIO: 9,2g
CARBOIDRATO: 17g
CALORIAS: 150

1,3% DE PROTEÍNA,
53% DE LIPÍDIO,
POUCO MAIS DE
45% DE CARBOIDRATO

MANJAR COM CALDA
E AMEIXA:
PROTEÍNA: 0,65g
LIPÍDIO: 9g
CARBOIDRATO: 30g
CALORIAS: 200

1,3% DE PROTEÍNA,
40% DE LIPÍDIO,
60% DE CARBOIDRATO.

MOUSSE DE CACAU COM ABACATE

Uma receita simples, nutritiva e bastante saborosa. O abacate dá a cremosidade da mousse e esbanja um tipo de gordura que só faz bem para as artérias e o funcionamento do coração.

INGREDIENTES

- » 90g (4 colheres de sopa) de açúcar mascavo
- » 40g (2 colheres de sobremesa) de cacau em pó
- » 500g (2 1/2 xícaras) de abacate sem o caroço e a casca (600g de 1 abacate inteiro)
- » gotas de limão a gosto
- » folhas de hortelã para decorar

PREPARO

1. Misture o açúcar mascavo com o cacau em pó.
2. Amasse o abacate e acrescente as gotas de limão.
3. Coloque todos os ingredientes no liquidificador ou no processador e bata até formar um creme.
4. Distribua em potes e sirva com hortelã.

RENDIMENTO:
4 PORÇÕES

NÍVEL DE DIFICULDADE:
MUITO BAIXO

TEMPO DE PREPARO:
10 MINUTOS

INFORMAÇÕES NUTRICIONAIS:
PROTEÍNA: 1,6g
LIPÍDIO: 10g
CARBOIDRATO: 27g
CALORIAS: 200
CÁLCIO: 9mg

3% DE PROTEÍNA,
45% DE LIPÍDIO,
POUCO MAIS DE
50% DE CARBOIDRATO.

TORTA DE BANANA COM AVEIA

Receita fácil de preparar, que fez muito sucesso nos anos 1970. Essa é uma versão ainda mais saudável, com flocos de aveia e óleo de coco, com a opção de ser incrementada com a calda de cacau.

INGREDIENTES

- » 40g (1/4 de xícara) de açúcar mascavo
- » 80g (1 xícara) de aveia em flocos
- » 8g (3 colheres de chá) de canela em pó
- » 40ml (4 colheres de sobremesa) de óleo de coco
- » 600g de banana sem casca

PREPARO

1. Misture o açúcar mascavo, a aveia e a canela.
2. Acrescente o óleo de coco e vá mexendo com a ponta dos dedos até formar uma farofa molhadinha.
3. Corte cada banana ao comprido, em 2 fatias.
4. Cubra a fôrma com 1/3 da massa. Em seguida, distribua uma camada de banana, mais uma camada de massa, outra de banana e, finalmente, a massa em forma de farofa.
5. Leve ao forno em temperatura média e asse por 30 minutos.

OBSERVAÇÃO

- » Essa torta pode ser servida com uma calda de cacau muito simples de preparar. Misture 4 medidas de malte de cereal para 1 medida de cacau em pó. Ponha o malte em um pote e vá acrescentando o cacau, mexendo bem até que fique uma mistura homogênea, com a textura de calda.

CONTÉM GLÚTEN

RENDIMENTO:
4 PORÇÕES

NÍVEL DE DIFICULDADE:
BAIXO

TEMPO DE PREPARO:
40 MINUTOS

INFORMAÇÕES NUTRICIONAIS:
PROTEÍNA: 5g
LIPÍDIO: 12g
CARBOIDRATO: 57,7g
CALORIAS: 358
CÁLCIO: 14mg
FERRO: 5mg
ZINCO: 1,3mg

6% DE PROTEÍNA,
30% DE LIPÍDIO,
64% DE CARBOIDRATO.

TORTA DE BANANA COM CASTANHA

Esta torta é uma maravilha! Sem açúcar e sem farinha, fica mais doce e consistente se for feita com banana d'água bem madura.

INGREDIENTES

» 40g (1/4 de xícara) de castanha-do-pará
» 960g de banana d'água sem casca (ou 1,4kg de banana com casca)

PREPARO

1. Triture a castanha-do-pará no liquidificador ou passe no ralador ou processador.
2. Distribua metade da quantidade de bananas inteiras no fundo de uma fôrma de vidro. Aperte com os dedos uma banana contra a outra, fazendo com que fiquem unidas.
3. Cubra as bananas com metade da castanha-do-pará triturada.
4. Coloque a outra metade das bananas inteiras sobre as castanhas, pressionando uma banana contra a outra com os dedos.
5. Salpique o restante da castanha triturada.
6. Coloque a fôrma dentro de um tabuleiro ou de outra fôrma maior, para proteger o forno da calda da banana que transborda durante o cozimento da torta.
7. Leve ao forno em temperatura média e asse por 30 a 40 minutos ou até a castanha ficar completamente tostada.

OBSERVAÇÃO

» Uma sutileza a respeito do doce da fruta: esse açúcar associado à gordura evita o pico glicêmico (aumento repentino da glicose no sangue). O casamento da frutose com gordura de qualidade nutre o baço/pâncreas e o fígado.

NÃO CONTÉM GLÚTEN

RENDIMENTO:
4 PORÇÕES

NÍVEL DE DIFICULDADE:
BAIXO

TEMPO DE PREPARO:
30 MINUTOS

INFORMAÇÕES NUTRICIONAIS:
PROTEÍNA: 2,85g
LIPÍDIO: 6,69g
CARBOIDRATO: 58,62g
CALORIAS: 300
CÁLCIO: 21,4mg
FERRO: 7,4mg
ZINCO: 1mg

4% DE PROTEÍNA,
POUCO MAIS DE
19% DE LIPÍDIO,
78% DE CARBOIDRATO.

TORTA DE MAÇÃ

Esta torta fazia parte do cardápio no Espaço Solar, em Petrópolis, e era um sucesso. Nos anos 1990, o local agregava práticas de ioga e meditação, padaria e restaurante-escola, em um sobrado no Centro da cidade.

Pode-se variar esta receita com a inclusão de outras frutas. Ela fica mais saborosa ainda com granola sortida de frutas secas.

PARA A MASSA

- » 60g (4 colheres de sopa) de granola
- » 80g (1/2 xícara) de farinha de trigo integral fina
- » 10g (1 colher de sopa) de polvilho doce
- » 30g (3 colheres de sopa) de açúcar mascavo
- » 2,5g (1 colher de chá) de canela em pó
- » 40ml (4 colheres de sobremesa) de óleo de coco

PARA O RECHEIO

- » 320g de maçã (4 unidades pequenas)
- » 20g (2 colheres de sopa) de açúcar mascavo
- » 2,5g (1 colher de chá) de canela em pó
- » 5g (1/2 colher de sopa) de polvilho doce
- » 30ml (2 colheres de sopa) de água fria
- » 30g (2 colheres de sopa) de granola
- » 3g (1 pitada) de raspas de limão

PREPARO DA MASSA

1. Bata a granola no liquidificador.
2. Misture-a na farinha de trigo, no polvilho, no açúcar mascavo e na canela em pó e acrescente o óleo de coco, mexendo com as pontas dos dedos.
3. Distribua a massa em 4 fôrmas com 20cm de diâmetro e fundo removível.
4. Leve ao forno e asse em temperatura alta por 8 minutos.
5. A massa deve ficar crocante, abiscoitada.

CONTÉM GLÚTEN

RENDIMENTO:
5 PORÇÕES

NÍVEL DE DIFICULDADE:
BAIXO

TEMPO DE PREPARO:
45 MINUTOS

INFORMAÇÕES NUTRICIONAIS:
PROTEÍNA: 2,8g
LIPÍDIO: 9g
CARBOIDRATO: 44g
CALORIAS: 270
CÁLCIO: 4,6mg

4% DE PROTEÍNA,
30% DE LIPÍDIO,
POUCO MAIS DE
65% DE CARBOIDRATO.

PREPARO DO RECHEIO

1. Parta as maçãs ao meio e retire as sementes. Em seguida, corte-as em fatias. Leve ao fogo com o açúcar mascavo e a canela em pó e cozinhe em fogo baixo, com a panela tampada, por 5 a 10 minutos.
2. Dissolva o polvilho na água fria, jogue na calda de maçã e mexa até engrossar.
3. Coloque as maçãs sobre a massa e cubra com a granola e as raspas de limão.

OBSERVAÇÃO

» A granola que vai sobre as maçãs não deve ser triturada, somente a da massa.

TRICOLOR

Esta receita faz sucesso por onde passa. Trata-se de uma sobremesa refrescante, saborosa e linda, com suas três cores: vermelha, branca e amarela. É feita à base de frutas (uva e manga), castanha-do-pará e queijo de soja.

PARA A GELATINA

» 200ml (1 xícara) de suco de uva concentrado
» 3g (1/2 colher de chá) de ágar-ágar

PARA O CREME DE CASTANHA

» 32g de castanhas-do-pará (8 unidades)
» 120g de tofu *soft*
» 1g de estévia em pó (1 pacote)

PARA O CREME DE MANGA

» 400g de manga palmer (1 unidade grande)
» hortelã para decorar

PREPARO DA GELATINA

1. Misture o suco de uva e o ágar-ágar, leve ao fogo e mexa até quase ferver.
2. Distribua a mistura em quatro potes, em proporções iguais, e deixe na geladeira.

PREPARO DO CREME DE CASTANHA

1. Bata a castanha-do-pará no liquidificador.
2. Passe o tofu com a estévia no processador para formar um creme e misture-o com a castanha-do-pará batida.

PREPARO DO CREME DE MANGA

1. Descasque a manga, retire o caroço e bata a polpa no liquidificador até formar um creme.

NÃO CONTÉM GLÚTEN NEM AÇÚCAR

RENDIMENTO:
4 PORÇÕES

NÍVEL DE DIFICULDADE:
MÉDIO

TEMPO DE PREPARO:
13 MINUTOS + 5 MINUTOS PARA RESFRIAMENTO DA GELATINA

INFORMAÇÕES NUTRICIONAIS:
PROTEÍNA: 4,3g
LIPÍDIO: 7g
CARBOIDRATO: 26g
CALORIAS: 180
CÁLCIO: 48mg
FERRO: 1mg

9% DE PROTEÍNA,
35% DE LIPÍDIO,
56% DE CARBOIDRATO.

MONTAGEM

1. Ponha o creme de castanha sobre a gelatina já gelada e cubra com o creme de manga.
2. Enfeite com 1 folha de hortelã.

DICA

» Quando bater as castanhas, deixe pedaços mais inteiros para ter um crocante misturado com o creme e a gelatina.

BEBIDAS

LEITE DE AMÊNDOAS

LIMONADA CLOROFILADA

MILK-SHAKE DE MORANGO

SUCO DE ABACAXI COM HORTALIÇAS

SUCO DE CLOROFILA

SUCO DE DAMASCO COM ORA-PRO-NÓBIS

SUCO DE MAÇÃ CLOROFILADO

SUCO DE MARACUJÁ E GENGIBRE

SUCO ROSA

VITAMINA DE BANANA

LEITE DE AMÊNDOAS

Para quem ainda sente falta do leite, esta é uma boa opção!

INGREDIENTES

» 50g (1/3 de xícara) de amêndoas

» 200ml (1 xícara) de água

PREPARO

1. Deixe as amêndoas de molho em água durante a noite.
2. Retire as peles e lave as amêndoas em água corrente.
3. Bata as amêndoas no liquidificador por cerca de 3 minutos com a água.
4. Coe a mistura em um coador de filó ou algodão.

DICA

» O resíduo das amêndoas pode ser aproveitado em massas, hambúrguer, croquetes, pães, risotos etc.

NÃO CONTÉM GLÚTEN

RENDIMENTO:
1 PORÇÃO

NÍVEL DE DIFICULDADE:
BAIXO

TEMPO DE PREPARO:
4 MINUTOS +
1 NOITE DE MOLHO

INFORMAÇÕES NUTRICIONAIS:
PROTEÍNA: 9g
LIPÍDIO: 23g
CARBOIDRATO: 14g
CALORIAS: 300
CÁLCIO: 120mg
FERRO: 6,5mg
ZINCO: 2,25mg

12% DE PROTEÍNA,
69% DE LIPÍDIO,
19% DE CARBOIDRATO.

LIMONADA CLOROFILADA

Muito saborosa, refrescante e altamente nutritiva, esta bebida ajuda nos resfriados pela abundância de vitamina C.

INGREDIENTES

- » 30g de couve (1 folha grande)
- » 50g de limão com a casca (1 unidade pequena)
- » 250ml (1 1/4 xícara) de água
- » 30g (2 colheres de sopa) de malte de cereal ou açúcar mascavo bem claro

PREPARO

1. Higienize a couve.
2. Corte o limão em 4 partes e rasgue a folha de couve.
3. Bata a couve, o limão, a água e o malte de cereal ou açúcar mascavo no liquidificador, coe e sirva.

OBSERVAÇÕES

- » O suco deve ser consumido na hora. Não deve ser guardado porque oxida rápido, o que compromete o sabor, deixando-o amargo.
- » Com açúcar mascavo, o teor de cálcio é maior. Para não alterar a cor e o sabor do suco, o mascavo deve ser bem claro. Com malte, o sabor fica mais suave, e a cor verde da folha e do limão se mantém.

NÃO CONTÉM GLÚTEN

RENDIMENTO:
1 PORÇÃO

NÍVEL DE DIFICULDADE:
MUITO BAIXO

TEMPO DE PREPARO:
2 MINUTOS + HIGIENIZAÇÃO DA VERDURA

INFORMAÇÕES NUTRICIONAIS:

COM MALTE DE CEREAL
PROTEÍNA: 0,4g
CARBOIDRATO: 34g
CALORIAS: 137
CÁLCIO: 86,5mg
FERRO: 2mg

1% DE PROTEÍNA,
0% DE LIPÍDIO,
99% DE CARBOIDRATO.

COM AÇÚCAR MASCAVO
PROTEÍNA: 1,4g
LIPÍDIO: 0,65g
CARBOIDRATO: 33g
CALORIAS: 143
CÁLCIO: 97mg
FERRO: 2mg

4% DE PROTEÍNA,
4% DE LIPÍDIO,
92% DE CARBOIDRATO.

MILK-SHAKE DE MORANGO

Este shake é muitíssimo saudável e saboroso.

O agave é um adoçante natural com baixo índice glicêmico, o que o torna uma opção para diabéticos.

INGREDIENTES

» 200g (1 xícara) de morango orgânico

» 200ml (1 xícara) de leite de amêndoas (*ver* receita na página 122)

» 20g (1 colher de sopa) de agave

PREPARO

1. Coloque o morango, o leite de amêndoas bem gelado e o agave no liquidificador e bata.

2. Sirva em seguida.

DICA

» Para deixar ainda mais cremoso, use leite de amêndoas congelado em cubos de fôrma de gelo.

NÃO CONTÉM GLÚTEN

RENDIMENTO:
1 PORÇÃO

NÍVEL DE DIFICULDADE:
MUITO BAIXO

TEMPO DE PREPARO:
3 MINUTOS (COM O LEITE JÁ PREPARADO)

INFORMAÇÕES NUTRICIONAIS:
PROTEÍNA: 10G
LIPÍDIO: 23,6G
CARBOIDRATO: 34G
CALORIAS: 390
CÁLCIO: 142MG
FERRO: 7MG
ZINCO: 2,6MG

10% DE PROTEÍNA,
54% DE LIPÍDIO,
POUCO MAIS DE
35% DE CARBOIDRATO.

SUCO DE ABACAXI COM HORTALIÇAS

Este é um de meus sucos preferidos. É uma ótima maneira de comer salada.

Excelente fonte de cálcio, o abacaxi contém bromelina, que tem ação sobre os pulmões, já que dissolve mucos e facilita a expectoração. Além disso, é altamente digestivo, o que faz com que os nutrientes dos alimentos sejam mais bem aproveitados por nosso organismo.

INGREDIENTES

- » 600g (4 xícaras) de abacaxi picado
- » 500g (2 1/2 xícaras) de cenoura
- » 200g (2 xícaras) de repolho roxo

PREPARO

1. Passe o abacaxi, a cenoura e o repolho na centrífuga.
2. Misture e sirva.

NÃO CONTÉM GLÚTEN

RENDIMENTO:
2 PORÇÕES

NÍVEL DE DIFICULDADE:
BAIXO

TEMPO DE PREPARO:
5 MINUTOS

INFORMAÇÕES NUTRICIONAIS:

PORÇÃO DE 250ML
PROTEÍNA: 6,6g
LIPÍDIO: 1g
CARBOIDRATO: 62,5g
CALORIAS: 285
CÁLCIO: 165,5mg
FERRO: 2mg

9% DE PROTEÍNA,
3% DE LIPÍDIO,
POUCO MAIS DE
80% DE CARBOIDRATO.

SUCO DE CLOROFILA

A clorofila das folhas ajuda a limpar o sangue, tornando-o mais alcalino, além de ser excelente fonte de cálcio.

INGREDIENTES

» 200g de maçã (1 unidade grande)

» 60g de couve (2 folhas grandes)

» 10g (1 colher de chá) hortelã

» 20g (2 colheres de chá) de salsa

PREPARO

1. Retire as sementes da maçã e corte-a em pedaços pequenos.

2. Coloque os pedaços de maçã no liquidificador e bata com os talos da couve. Pressione os pedaços de maçã dentro do liquidificador para facilitar o giro, pois sem água eles grudam na hélice, imobilizando o movimento. Assim, os talos funcionam como se fosse uma espátula, soltando a maçã e consequentemente facilitando a saída de seu suco.

3. Em seguida, acrescente as folhas da couve aos poucos, a hortelã e a salsa. Se houver necessidade, segure o copo do liquidificador e levante-o, para facilitar o movimento das folhas em seu interior.

4. Bata até formar um volume pastoso. Coe num coador de filó ou algodão, espremendo bem. Beba o suco na hora.

OBSERVAÇÃO

» Há também a opção de usar o sumo da clorofila do trigo (Wheat grass) puro, com fruta, com suco, com rejuvelac ou água de kefir.

NÃO CONTÉM GLÚTEN

RENDIMENTO:
1 PORÇÃO

NÍVEL DE DIFICULDADE:
BAIXO

TEMPO DE PREPARO:
8 MINUTOS

INFORMAÇÕES NUTRICIONAIS:
PROTEÍNA: 3g
CARBOIDRATO: 39g
CALORIAS: 170
CÁLCIO: 140mg
FERRO: 2,4mg

POUCO MAIS DE
7% DE PROTEÍNA,
0% DE LIPÍDIO,
90% DE CARBOIDRATO

SUCO DE DAMASCO COM ORA-PRO-NÓBIS

O ora-pro-nóbis, cujos nomes populares são língua-de-vaca e beldroega-pequena, é considerado a carne dos pobres por conter aminoácidos essenciais. É utilizado tanto cru quanto cozido.

INGREDIENTES

- » 42g de damascos (6 unidades)
- » 150ml (3/4 de xícara) de água
- » 3g de ora-pro-nóbis (3 folhas pequenas)

PREPARO

1. Lave os damascos e deixe-os de molho em água na geladeira durante a noite.
2. Higienize as folhas de ora-pro-nóbis.
3. No dia seguinte, coloque no liquidificador os damascos com a água do molho e as folhas e bata bem.
4. Não é necessário coar.

DICA

- » A higienização das folhas pode ser feita com antecedência.

NÃO CONTÉM GLÚTEN

RENDIMENTO:
1 PORÇÃO

NÍVEL DE DIFICULDADE:
BAIXO

TEMPO DE PREPARO:
5 MINUTOS + 1 NOITE

INFORMAÇÕES NUTRICIONAIS:
PROTEÍNA: 1,36g
LIPÍDIO: 0g
CARBOIDRATO: 12,5g
CALORIAS: 55
CÁLCIO: 32mg
FERRO: 3mg

10% DE PROTEÍNA,
0% DE LIPÍDIO,
90% DE CARBOIDRATO.

SUCO DE MAÇÃ CLOROFILADO

Este suco pode ser um excelente copo de "leite" vegano, pois tem quantidade considerável de cálcio (maior que um copo de leite de vaca).

É muito fácil e rápido de preparar.

INGREDIENTES

» 300ml (1 1/2 xícara) de suco de maçã orgânica

» 60g (1 xícara cheia) de folha de brócolis rasgada

PREPARO

1. Bata a maçã e os brócolis no liquidificador.
2. Coe a mistura em peneira fina.
3. Beba em seguida.

DICA

» Para agilizar o preparo, as folhas de brócolis devem ser higienizadas com antecedência.

NÃO CONTÉM GLÚTEN NEM AÇÚCAR

RENDIMENTO:
1 PORÇÃO

NÍVEL DE DIFICULDADE:
MUITO BAIXO

TEMPO DE PREPARO:
3 MINUTOS

INFORMAÇÕES NUTRICIONAIS:
PROTEÍNA: 1g
LIPÍDIO: 1g
CARBOIDRATO: 30g
CALORIAS: 140
CÁLCIO: 320mg
FERRO: 2,5mg

3% DE PROTEÍNA,
6% DE LIPÍDIO,
POUCO MAIS DE
87% DE CARBOIDRATO.

SUCO DE MARACUJÁ E GENGIBRE

É um dos sucos que mais agradam aos clientes. A mistura do picante do gengibre com o ácido do maracujá é tudo de bom!

É indicado para quadros de resfriado, pois o maracujá é rico em vitamina C, e o gengibre é expectorante, ajuda a eliminar a umidade interna, além de ter efeito anti-inflamatório.

INGREDIENTES

» 10g (1 colher de sopa) da polpa de maracujá, com as sementes (1 unidade pequena)

» 300ml (1 1/2 xícara) de água

» 20g (2 colheres de sopa) de malte de cereal

» 15g (1 colher de chá cheia) de gengibre picado

PREPARO

1. Bata o maracujá, a água, o malte de cereal e o gengibre no liquidificador.

2. Coe e sirva em seguida.

CONTÉM GLÚTEN EM RAZÃO DO MALTE

RENDIMENTO:
1 PORÇÃO

NÍVEL DE DIFICULDADE:
MUITO BAIXO

TEMPO DE PREPARO:
5 MINUTOS

INFORMAÇÕES NUTRICIONAIS:
PROTEÍNA: 0,5g
LIPÍDIO: 0,2g
CARBOIDRATO: 26,8g
CALORIAS: 110
CÁLCIO: 0,5mg

10% DE PROTEÍNA,
0% DE LIPÍDIO,
90% DE CARBOIDRATO.

SUCO ROSA

Dificilmente quem não conhece os ingredientes adivinha a combinação do suco. A maioria das pessoas jura que tem beterraba, outras pensam que a cor vem da melancia e vários clientes até apostam que o suco é feito de goiaba.

INGREDIENTES

- » 60g de repolho roxo (2 folhas médias)
- » 45g de maracujá (1 unidade média)
- » 30g (2 colheres de sopa) de malte de cereal
- » 250ml (1 1/4 de xícara) de água

PREPARO

1. Bata o repolho, o maracujá e o malte de cereal no liquidificador com a água e coe em uma peneira fina.

OBSERVAÇÃO

- » O repolho pode ser higienizado no dia anterior e conservado na geladeira, pois, assim, o preparo é bem rápido.
- » O malte pode ser substituído por açúcar mascavo claro.

CONTÉM GLÚTEN EM RAZÃO DO MALTE

RENDIMENTO:
1 PORÇÃO

NIVEL DE DIFICULDADE:
BAIXO

TEMPO DE PREPARO:
5 MINUTOS

INFORMAÇÕES NUTRICIONAIS:

COM MALTE DE CEREAL
PROTEÍNA: 2g
LIPÍDIO: 1g
CARBOIDRATO: 33g
CALORIAS: 150
CÁLCIO: 35mg

5% DE PROTEÍNA,
6% DE LIPÍDIO,
POUCO MAIS DE
88% DE CARBOIDRATO.

COM AÇÚCAR
MASCAVO CLARO
PROTEÍNA: 3,36g
LIPÍDIO: 1g
CARBOIDRATO: 35g
CALORIAS: 160
CÁLCIO: 50mg
FERRO: 2mg

8% DE PROTEÍNA,
5% DE LIPÍDIO,
87% DE CARBOIDRATO.

VITAMINA DE BANANA

O inhame substitui o leite e a aveia da tradicional vitamina de banana. Ao mesmo tempo que dá a cor, também tem a cremosidade da aveia.

INGREDIENTES

» 50g de inhame (1 unidade pequena)

» 100g de banana (1 unidade grande), sem a casca

» 150ml (3/4 de xícara) de água

» 1 rodela de gengibre (opcional)

PREPARO

1. Descasque o inhame e corte-o em 4 pedaços.

2. Coloque o inhame, a banana, a água e o gengibre no liquidificador e bata.

3. Não é necessário coar.

DICA

» Adicionar 15g de tahine batido à vitamina acrescerá 99mg de cálcio, 4g de proteína e 8g de gordura. Com isso, a vitamina ganhará mais 88 calorias, que, somadas às 94, totalizará 182 calorias e 114 mg de cálcio.

NÃO CONTÉM GLÚTEN

RENDIMENTO:
4 PORÇÕES

NÍVEL DE DIFICULDADE:
BAIXO

TEMPO DE PREPARO:
5 MINUTOS

INFORMAÇÕES NUTRICIONAIS:
PROTEÍNA: 3g
LIPÍDIO: 0,2g
CARBOIDRATO: 20g
CALORIAS: 94
CÁLCIO: 15mg
FERRO: 6mg

13% DE PROTEÍNA,
2% DE LIPÍDIO,
85% DE CARBOIDRATO.

TEMPEROS

ALGA HIJIKI NA CONSERVA

CREME DE ALHO

GERALGA

GERSAL

PASTA DE TAHINE E MELADO

ALGA HIJIKI NA CONSERVA

As algas são muito utilizadas na culinária macrobiótica, e a hijiki é preparada principalmente com arroz.

Esta receita, bastante fácil e prática, resulta em um tempero que fica muito bom em saladas, sanduíches, macarrão, arroz etc.

INGREDIENTES

» 20g (4 colheres de chá) de alga hijiki desidratada
» 50ml (1/4 de xícara) de água
» 15g (1 colher de chá) de alcaparra (10 unidades)
» 15g de gengibre (2 rodelas finas)
» 1 dente pequeno de alho
» 10g (1 colher de sopa) de folhas de orégano fresco
» 30g (2 colheres de sopa rasas) de azeite
» 3g (1 colher de café rasa) de sal marinho

PREPARO

1. Deixe a alga de molho na água por 15 minutos para total absorção e para que triplique seu volume.
2. Em seguida, coloque-a em um vidro com as alcaparras, o gengibre, o alho, o orégano, o azeite e o sal.
3. Conserve em geladeira, mas deixe a receita curtir por um dia pelo menos.
4. Sirva sobre a comida pronta, arroz, mingau, salada, sopa, massas, sanduíches etc.

NÃO CONTÉM GLÚTEN

RENDIMENTO:
4 PORÇÕES

NÍVEL DE DIFICULDADE:
BAIXO

TEMPO DE PREPARO:
20 MINUTOS + 1 DIA PARA CURTIR

INFORMAÇÕES NUTRICIONAIS:
PROTEÍNA: 0,14g (QUANTIDADE INSIGNIFICANTE)
LIPÍDIO: 4g
CARBOIDRATO: 1,5g
CALORIAS: 42,56
CÁLCIO: 70mg
SÓDIO: 70mg

1% DE PROTEÍNA,
POUCO MAIS DE
84% DE LIPÍDIO,
14% DE CARBOIDRATO.

CREME DE ALHO

Gosto sempre de tê-lo na geladeira para acrescentar em uma verdura levemente refogada e para temperar feijões ou outras preparações. Isso evita a necessidade de manusear o alho, que deixa um cheiro desagradável nas mãos.

INGREDIENTES

» 300g (2 xícaras) de alho
» 50ml (1/4 de xícara) de água

PREPARO

1. Deixe o alho de molho durante 30 minutos para soltar melhor a casca.
2. Descasque e bata no liquidificador com a água até formar um creme.

OBSERVAÇÃO

» Essa receita dispensa o refogado com gordura.
» Pode ser preparada e usada, desde que conservada na geladeira, em pote de vidro, por 15 a 20 dias.

NÃO CONTÉM GLÚTEN

RENDIMENTO:
1 POTE DE 500ML

NÍVEL DE DIFICULDADE:
BAIXO

TEMPO DE PREPARO:
40 MINUTOS

GERALGA

Na dietética chinesa e na macrobiótica, tanto a alga quanto o gergelim preto são utilizados para tonificar a energia do rim. Ambos são boas fontes de cálcio.

INGREDIENTES

» 90g (6 colheres de sopa) de gergelim preto
» 2,5g (1/2 de colher de chá) de sal marinho
» 3 folhas de alga nori

PREPARO

1. Toste as sementes de gergelim em panela grossa, em fogo médio, mexendo sempre, por 3 a 5 minutos. Acrescente o sal.
2. Pegue as folhas de alga e, caso não estejam crocantes, passe-as sobre a chama do fogo em ambos os lados, virando até ficarem bem tostadas.
3. Aperte na mão como se estivesse amassando um papel queimado, misture ao gergelim tostado e bata no liquidificador até que vire um pó.

OBSERVAÇÕES

» Conserve o tempero em vidro fechado após esfriar.
» Quando bater os ingredientes no liquidificador, pegue o copo junto com o motor e sacuda, para que a alga se misture à semente.
» Pode ser utilizado no arroz cozido, para substituir o gersal.

NÃO CONTÉM GLÚTEN

RENDIMENTO:
6 PORÇÕES

NÍVEL DE DIFICULDADE:
BAIXO

TEMPO DE PREPARO:
8 MINUTOS

INFORMAÇÕES NUTRICIONAIS:
PROTEÍNA: 3g
LIPÍDIO: 7g
CARBOIDRATO: 3g
CALORIAS: 87
CÁLCIO: 90mg

14% DE PROTEÍNA,
72% DE LIPÍDIO,
14% DE CARBOIDRATO.

GERSAL

Esta mistura é o tempero básico do arroz integral. A semente de gergelim é uma boa fonte de cálcio.

INGREDIENTES

» 60g (6 colheres de sobremesa) de gergelim integral
» 5g (1 colher de chá) de sal marinho

PREPARO

1. Toste o gergelim durante 3 a 5 minutos aproximadamente, em panela grossa, mexendo sem parar para não queimar. Desligue o fogo.
2. Acrescente o sal e mexa para tirar a umidade. Deixe esfriar.
3. Bata no liquidificador até formar uma farinha, triturando as sementes.
4. Deixe esfriar e conserve em vidro fechado, fora da geladeira.

OBSERVAÇÕES

» A validade desse tempero é de 20 a 30 dias, armazenado em lugar fresco e sem muita luz, para que a gordura contida na semente não oxide e altere o sabor quando rançosa.
» Caso as sementes pipoquem à medida que o calor da panela aumenta, diminua o fogo e continue mexendo.

NÃO CONTÉM GLÚTEN

RENDIMENTO:
6 PORÇÕES

NÍVEL DE DIFICULDADE:
BAIXO

TEMPO DE PREPARO:
8 MINUTOS

INFORMAÇÕES NUTRICIONAIS:
PROTEÍNA: 2g
LIPÍDIO: 5g
CARBOIDRATO: 2g
CALORIAS: 60
CÁLCIO: 60mg

13% DE PROTEÍNA,
POUCO MAIS DE
70% DE LIPÍDIO,
13% DE CARBOIDRATO.

PASTA DE TAHINE E MELADO

Cuidado para não exagerar, já que é muito saboroso. Para quem gosta de geleia com torrada, é uma ótima opção e boa fonte de cálcio.

INGREDIENTES

- » 30g (2 colheres de sobremesa) de tahine
- » 60g (4 colheres de sopa) de melado

PREPARO

1. Pegue o tahine, coloque em um pote, acrescente o melado e misture até formar um creme homogêneo.

NÃO CONTÉM GLÚTEN

RENDIMENTO:
4 PORÇÕES

NÍVEL DE DIFICULDADE:
MUITO BAIXO

TEMPO DE PREPARO:
3 MINUTOS

INFORMAÇÕES NUTRICIONAIS:
PROTEÍNA: 2g
LIPÍDIO: 4g
CARBOIDRATO: 11g
CALORIAS: 90
CÁLCIO: 65mg
FERRO: 1mg
ZINCO: 1mg

POUCO MAIS DE
9% DE PROTEÍNA,
40% DE LIPÍDIO,
50% DE CARBOIDRATO.

SOPAS E CALDOS

BORSCH
CALDO ENERGÉTICO
CANJA DE SHIMEJI
LEITE DE COCO
SOPA DE CEBOLA

BORSCH

É uma receita simples de preparar e altamente terapêutica, com quantidade considerável de cálcio.

O inhame é altamente depurativo do sangue, pois faz com que as impurezas sejam expelidas através da pele e pelos intestinos, e evita dengue, ao neutralizar o agente causador da doença. A beterraba também é uma excelente fonte de nutrientes, além de ajudar a limpar o fígado e o sangue.

PARA O BORSCH

- » 1,2kg de inhame
- » 200g de beterraba
- » 50g de gengibre
- » 1,5 litro de água
- » 10g (2 colheres de chá) de sal marinho
- » 30g (3 colheres de sopa) de cebolinha (parte verde)

PARA O CREME DE TOFU (4 PORÇÕES DE 60G)

- » 200g de tofu
- » 50ml (1/4 de xícara) de água
- » 16g (1 colher de sopa) de azeite extravirgem
- » 10g (2 colheres de chá) de sal marinho
- » 60g (1/2 xícara) de cebolinha (parte branca)
- » cebolinha (parte verde) para finalizar

PREPARO DO BORSCH

1. Descasque o inhame, a beterraba e o gengibre e pique-os em cubos pequenos. Cozinhe em água com o sal, em fogo alto até ferver em fogo baixo até a beterraba ficar macia, em torno de 20 minutos.
2. Bata tudo no liquidificador.
3. Pique a cebolinha. Salpique-a no prato na hora de servir.

NÃO CONTÉM GLÚTEN

RENDIMENTO:
4 PORÇÕES

NÍVEL DE DIFICULDADE:
MÉDIO

TEMPO DE PREPARO:
35 MINUTOS

INFORMAÇÕES NUTRICIONAIS:

BORSCH
PROTEÍNA: 7g
LIPÍDIO: 0,6g
CARBOIDRATO: 75g
CALORIAS: 330

8% DE PROTEÍNA,
1,6% DE LIPÍDIO,
POUCO MAIS DE
90% DE CARBOIDRATO.

CREME DE TOFU
PROTEÍNA: 4g
LIPÍDIO: 5,8g
CARBOIDRATO: 0,8g
CALORIAS: 70

22% DE PROTEÍNA,
74% DE LIPÍDIO,
4% DE CARBOIDRATO.

BORSCH COM CREME
DE TOFU
PROTEÍNA: 11g
LIPÍDIO: 6g
CARBOIDRATO: 75,8g
CALORIAS: 400
CÁLCIO: 217mg
FERRO: 4,7mg

10% DE PROTEÍNA,
14% DE LIPÍDIO,
76% DE CARBOIDRATO.

PREPARO DO CREME DE TOFU

1. Bata no liquidificador o tofu com a água, o azeite, o sal e a parte branca da cebolinha.
2. Acrescente o creme apenas na hora de servir o Borsch.
3. Salpique a cebolinha verde.

OBSERVAÇÃO

» Esse prato pode ser servido quente ou frio.

CALDO ENERGÉTICO

Este é um caldo de missô incrementado que desintoxica e nutre.
Ótima opção para o jantar!

INGREDIENTES

- » 20g de shiitakes desidratados (4 unidades)
- » 1 litro de água filtrada
- » 60g de alho-poró (parte branca)
- » 120g (1/2 xícara) de bardana cortada em rodelas
- » 20g de raiz de lótus em rodelas
- » 10g (1 colher de sopa) de alga kombu
- » 40g (4 colheres de chá) de missô
- » 100g (2 xícaras) de agrião picado

PREPARO

1. Deixe o shiitake de molho em água durante a noite.
2. No dia seguinte, corte-o em tiras finas.
3. Em seguida, pique o alho-poró em rodelas finas.
4. Coloque em uma panela as tiras de shiitake, as rodelas de alho-poró, a bardana, a raiz de lótus e a alga kombu. Ferva tudo em fogo baixo por 30 minutos.
5. Desligue o fogo e acrescente o missô e o agrião picado.

OBSERVAÇÕES

- » O agrião pode ser substituído por cebolinha.
- » Esse caldo pode ser preparado em quantidade para 3 dias. Basta armazená-lo na geladeira e acrescentar o missô e alguma verdura de sua preferência na hora de servir.

NÃO CONTÉM GLÚTEN

RENDIMENTO:
4 PORÇÕES

NÍVEL DE DIFICULDADE:
BAIXO

TEMPO DE PREPARO:
40 MINUTOS

INFORMAÇÕES NUTRICIONAIS
PROTEÍNA: 3g
LIPÍDIO: 0,5g
CARBOIDRATO: 13g
CALORIAS: 70
CÁLCIO: 50mg
FERRO: 2mg

POUCO MAIS DE
17% DE PROTEÍNA,
6,5% DE LIPÍDIO,
74% DE CARBOIDRATO.

CANJA DE SHIMEJI

Nesta receita, o tempero com hortelã dá um toque especial e refrescante. O shimeji entra no lugar da carne de galinha usada na receita de canja tradicional.

INGREDIENTES

- » 200g (1 bandeja) de shimeji
- » 55g de tofu defumado
- » 200g de cenoura (1 unidade grande)
- » 100g de cebola (1 unidade média)
- » 10g (1 molho) de hortelã fresca
- » 5ml (1 colher de sobremesa) de shoyu
- » 5g (1 colher de chá) de curry
- » 5g (1 colher de chá) de sal marinho
- » 750ml (3 1/4 xícaras) de água
- » 250g (1 xícara) de arroz cozido
- » folhas de hortelã para decorar

PREPARO

1. Solte os shimejis com a mão, como se fosse desfiá-los.
2. Descasque o tofu e rale.
3. Pique a cenoura e a cebola em cubos pequenos.
4. Separe as folhas de hortelã e deixe-as imersas em água gelada, em quantidade suficiente para cobrir as folhas até o uso.
5. Doure a cebola sem óleo, acrescente o shimeji e o tofu.
6. Concentre os alimentos no centro da panela e acrescente o shoyu. Cozinhe em fogo baixo por 5 a 8 minutos.
7. Acrescente a cenoura, o curry, o sal, a água e deixe ferver por mais 5 minutos.
8. Coloque o arroz cozido e ferva durante 15 minutos em fogo baixo.
9. Sirva com folhas de hortelã.

RENDIMENTO:
4 PORÇÕES

NÍVEL DE DIFICULDADE:
BAIXO

TEMPO DE PREPARO:
35 MINUTOS

INFORMAÇÕES NUTRICIONAIS:
PROTEÍNA: 4G
LIPÍDIO: 1G
CARBOIDRATO: 123G
CALORIAS: 117
CÁLCIO: 18MG

13,7% DE PROTEÍNA,
7,7% DE LIPÍDIO,
POUCO MAIS DE
78% DE CARBOIDRATO.

LEITE DE COCO

O ideal é que este leite seja feito em centrífuga, para que não necessite de água e ele saia bem concentrado.

INGREDIENTES

» 500g (2 1/2 xícaras) de coco seco descascado
» 100ml (1/2 xícara) da água do próprio coco

PREPARO

1. Retire a casca dura do coco. Para isso, aproxime-o da chama do fogo com o auxílio de um pegador de salada.
2. Gire o coco com auxílio do pegador à medida que a casca vai escurecendo. Em seguida, jogue-o com força no chão, ou bata com um martelo ou soquete de madeira, para que a casca saia inteira, desgrudada da polpa.
3. Descasque o coco e pique em pedaços pequenos.
4. Junte o coco à água e passe no processador.

DICAS

» Utilize o resíduo para preparações como doces, saladas, hambúrguer, bolos e manjar de coco.
» Ao comprar o coco, verifique se o "olho" tem cheiro de mofo ou de estragado. Só leve o coco que estiver totalmente seco.
» Quanto mais pesado, mais suculento o coco poderá estar.

NÃO CONTÉM GLÚTEN

RENDIMENTO:
4 PORÇÕES

NÍVEL DE DIFICULDADE:
MÉDIO

TEMPO DE PREPARO:
20 MINUTOS

INFORMAÇÕES NUTRICIONAIS:
PROTEÍNA: 1,6g
LIPÍDIO: 12,45g
CARBOIDRATO: 2,6g
CALORIAS: 128
CÁLCIO: 8mg

5% DE PROTEÍNA,
87% DE LIPÍDIO,
8% DE CARBOIDRATO.

SOPA DE CEBOLA

A aveia é um cereal bastante rico em fibras, que melhora o funcionamento do intestino, além de auxiliar na redução do colesterol. Este creme, além de ser simples de preparar, é bastante nutritivo e funcional.

INGREDIENTES

- » 55g de tofu semidefumado orgânico
- » 300g (2 xícaras) de cebola
- » 8g (1/2 colher de sopa) de azeite
- » 3g (1 colher de chá) de curry
- » 10g (2 colheres de chá) de sal marinho
- » 180g (2 xícaras) de aveia em flocos
- » 1 litro de água
- » cebolinha, para finalizar

PREPARO

1. Descasque o tofu e rale.
2. Doure a cebola no azeite, acrescente o curry, o sal, o tofu e a aveia.
3. Misture tudo, mexendo bem.
4. Bata no liquidificador com a água; em seguida, leve ao fogo e misture até ferver.
5. Sirva com cebolinha bem picadinha.

OBSERVAÇÃO

- » Esta receita pode ser preparada com a técnica do refogado de cebola sem gordura como opção mais light, diminuindo as calorias de 230 para 170.

CONTÉM GLÚTEN

RENDIMENTO:
4 PORÇÕES

NÍVEL DE DIFICULDADE:
BAIXO

TEMPO DE PREPARO
20 MINUTOS

INFORMAÇÕES NUTRICIONAIS
PROTEÍNA: 7g
LIPÍDIO: 6g
CARBOIDRATO: 36,6g
CALORIAS: 230
CÁLCIO: 32mg
FERRO: 2mg
ZINCO: 1,3mg

13% DE PROTEÍNA,
23,5% DE LIPÍDIO,
63,5% DE CARBOIDRATO.

OPÇÕES DE REFEIÇÕES
ao longo do dia

Listo aqui algumas sugestões para montar cardápios do dia a dia, escolhendo itens de cada refeição.

LANCHES

Suco de abacaxi com hortaliças, leite de amêndoas, vitamina de banana, torta de banana com castanha, tricolor, mousse de cacau com abacate, suco de clorofila, limonada clorofilada, suco rosa, compota de frutas secas, manjar de coco ou torta de banana com aveia.

MENU PARA REFEIÇÕES

» Bobó de shiitake, arroz maluco, faláfel.
» Feijoada oriental, farofa de gérmen de trigo, salada primavera, verdura no bafo.
» Arroz integral com broto de lentilha, shimeji com quiabo, abóbora okaido com molho acebolado de tahine.
» Tempeh grelhado, arroz maluco.
» Suflê de cenoura, arroz maluco, verdura no bafo.
» Salpicão, hambúrguer de grãos e sementes.
» Estrogonofe de palmito e shimeji, arroz integral com broto de lentilha, inhame palha, verdura no bafo.
» Rocambole de grão-de-bico, purê de abóbora okaido.
» Feijoada oriental, verdura no bafo, farofa de gérmen de trigo.
» Salada primavera, sushi agué.
» Arroz de brócolis, vagem com amendoim, suflê de cenoura.

OPÇÕES DE REFEIÇÕES AO LONGO DO DIA

» Salpicão e tempeh grelhado.

» Risoto de abóbora e shiitake, salada primavera sem os croûtons.

» Hambúrguer de grãos e sementes com suflê de cenoura.

MENUS COM PRATO ÚNICO

Nhoque de aipim, panqueca de aveia com recheio de shimeji e alho-poró, canja de shimeji, caldo energético, sopa de cebola, risoto, Borsch, oniguiri, faláfel, quiche, sushi agué, tortilha, risoto de abóbora e shiitake.

Os valores citados na informação nutricional dos pratos basearam-se nas seguintes tabelas:

1. Taco (Tabela Brasileira de Comparação de Alimentos) do Núcleo de Estudos em Pesquisas em Alimentação (Nepa). Universidade Estadual de Campinas (Unicamp), 2006.

2. Tabela de composição química de Guilherme Franco, médico nutrólogo da Escola Central de Nutrição da Universidade do Rio de Janeiro, 1996.

3. Tabela para avaliação de consumo alimentar em medidas caseiras do Sistema de Nutrição (Sisnut).*

4. Rótulos nas embalagens de alimentos não mencionados nas tabelas citadas.

* O Sisnut é um software de 1998.

GLOSSÁRIO

ÁGAR-ÁGAR

É um tipo de alga marinha que substitui a gelatina. Encontrada em pó, em flocos ou em barra com o nome de Kanten. Pode ser comprada em lojas de produtos naturais, japoneses ou chineses.

AGUÉ

É um tofu finamente fatiado e frito. Tem o formato de bolsa, que nos possibilita preparações recheadas.

ALGA HIJIKI

Alga marinha desidratada, de cor preta, comprida e pequena. Antes de prepará-la, deve ser hidratada de 10 a 15 minutos. Aumenta de 3 a 5 vezes o volume após a hidratação. Rica em cálcio e iodo, tem sabor salgado e natureza fria, o que potencializa a essência do rim.

ALGA KOMBU

Tem forma de folha comprida, dura e escura. É muito utilizado principalmente no preparo de feijões, pois os torna mais macios e aumenta seu teor de ferro. Todas as algas são ricas em minerais, principalmente cálcio, iodo e ferro. São benéficas em casos de artrite, pressão alta, obesidade e problemas renais.

ALGA NORI

Vegetal marinho desidratado em forma de folha de papel de cor verde-escura, quase preta. Evita o bócio por ser rica em iodo. Pode ser encontrada em lojas de produtos orientais.

ALGA WAKAME

Também denominada alface do mar. Tem cor marrom-escura e é macia quando hidratada. Pode ser usada apenas refogada com cebola ou alho. Essa alga tem sabor mais forte que as demais e é utilizada em caldos, sopas, temperos, refogados de legumes, feijões, arroz, massas. Como pesa muito pouco, seu volume diário não ultrapassa 5g a 10g, ou seja, uma colher de chá ou sobremesa. As algas em geral são boa fonte de cálcio para os veganos.

ALIMENTOS ORGÂNICOS

São alimentos cultivados sem fertilizantes ou pesticidas químicos. Sua produção e a venda são regulamentadas por certificadoras que garantem a isenção de qualquer produto químico.

AMEIXA UMEBOSHI

É uma ameixa de sabor amargo quando verde e altamente tóxica. Para ser ingerida, é curtida no sal e colocada em salmoura com alga. É tradicional na culinária japonesa e utilizada como tempero. Esse fruto previne desconfortos digestivos e é antioxidante.

Neutraliza substâncias radiativas e tóxicas quando carbonizada, semelhante ao efeito do carvão vegetal. Ajuda os rins e o fígado no processo de desintoxicação. Por ter ácido cítrico em sua composição, essa ameixa facilita a absorção de ferro, cálcio e magnésio. Quando acrescentada ao arroz cozido, aumenta o tempo de conservação dele.

ARROZ-CATETO INTEGRAL

O cateto, ou japonês, tem o grão arredondado. Na película externa, contém vitaminas do complexo B, vitamina E, gordura insaturada, além da fibra insolúvel, que ajuda na limpeza do intestino.

BROTO DE FEIJÃO

O moyashi, como se chama em japonês, é utilizado em pratos tanto crus quanto cozidos e encontrado em lojas de produtos japoneses e chineses com o nome Moyaghi.

BROTO DE TREVO

Semente de trevo germinada. Todas as sementes, quando brotadas, aumentam sua vitalidade e potencializam o valor nutricional. Ricas em zinco, cálcio, ferro, são muito utilizadas em saladas. Podem ser encontradas em supermercados e lojas de produtos naturais.

COGUMELO PORTOBELLO

Cogumelo de cor marrom-escura, apresenta o mesmo formato do cogumelo-de-paris, porém com textura mais firme e cor mais escura.

COGUMELO SHIITAKE

Esse cogumelo tem formato de chapéu e cor marrom. É muito saboroso, nutritivo e versátil, pois substitui a carne em algumas preparações. Pode ser encontrado em lojas de produtos japoneses, chineses, alguns supermercados e feiras.

COGUMELO SHIMEJI

Existem dois tipos de shimeji: marrom e branco. O mais utilizado na culinária asiática é o marrom-escuro, que é mais saboroso e macio. O shimeji branco é mais fibroso e tem sabor suave. Na culinária vegana, substitui o frango em algumas receitas.

COUVE-CHINESA

É uma verdura em formato de repolho, porém comprida e não arredondada. Muito utilizada nas culinárias chinesa e japonesa, pode ser preparada crua em saladas ou levemente refogada.

DAIKON

É um nabo comprido japonês de cor branca e sabor picante, que ajuda a drenar a umidade, ativando o calor interno, e apresenta característica adstringente. Auxilia no processo de emagrecimento. Assim como o gengibre, funciona também como um alimento biodegradável, facilitando a digestão das gorduras.

ENZIMAS

São proteínas responsáveis pelas reações químicas do alimento no processo de digestão. Cada tipo de alimento tem uma enzima. Quando comemos proteína, esta é transformada em aminoácidos para entrar nas células como nutriente por meio da enzima pepsina. É o que acontece com todos os alimentos. No caso das gorduras, a enzima é a lipase; no amido, a amilase; nas frutas, é a frutase. Existem muitas enzimas, e estas são fundamentais para que os alimentos se transformem em nutrientes.

FEIJÃO-AZUKI

Pequeno grão de origem japonesa, de cor vermelha, forma arredondada ou comprida com pontinho branco. É muito útil nos casos de edemas, colesterol alto e diabetes. Reduz o colesterol e os níveis de açúcar no sangue. Seu grau de fermentação é menor que o das demais leguminosas.

GERALGA

É a mistura de gergelim preto tostado com sal. Triturado no liquidificador com alga nori, é utilizado como tempero no arroz integral, em massas, polenta etc. Pode substituir o gersal, caso se queira retirar o sal da alimentação. A alga tem iodo.

GERGELIM

É uma semente oleosa. Mais de 50% de suas calorias são constituídas de gordura. Existem três tipos de semente de gergelim: a branca, a marrom e a preta. A marrom é a semente clara e integral. A branca é simplesmente a marrom descascada. A preta é outro tipo de semente.

GERSAL

É a mistura de semente de gergelim tostada e sal marinho, tempero básico do arroz integral cozido na culinária macrobiótica.

GLUTAMATO MONOSSÓDICO

É um sal branco utilizado como tempero com o objetivo de realçar o sabor do alimento. Está presente em sopas prontas infantis, temperos que simulam carnes, comidas instantâneas, algumas marcas de missô, shoyu etc. O uso de glutamato não precisa ser identificado nos rótulos dos alimentos, por isso é mais difícil fazer o controle. Muitos especialistas atribuem ao glutamato a causa de excessivas dores de cabeça.

LINHAÇA

Trata-se de semente miúda e escorregadia. Existem no mercado dois tipos de linhaça: as das cores marrom-escura e bege (linhaça dourada). Ambas são fonte de ômega 3, um ácido graxo essencial encontrado nos peixes. Deve ser utilizada germinada, hidratada ou levemente tostada e batida em forma de farinha. Fica bem em sucos, frutas picadas, iogurte, massas de hambúrguer, vitaminas, saladas e farofa.

MALTE DE CEREAL

É um tipo de adoçante natural, extraído do grão de cevada, trigo ou qualquer outro cereal, que apresenta consistência e cor do melado de cana, porém com sabor em mais sutil. Esse açúcar é extraído após processo de germinação e secagem e pode ser utilizado nas preparações de bolos, doces, sucos e como calda para manjar, pudins etc.

MOLHO DE SOJA OU SHOYU

Um líquido marrom-escuro de sabor salgado, obtido pela fermentação do grão da soja com sal e arroz, trigo ou milho. Algumas marcas utilizam glutamato monossódico e caramelo para acelerar a fermentação.

OKAIDO

É um tipo de abóbora originária do Japão. Tem cerca de 25cm de diâmetro, casca verde-escura e polpa amarelada. A textura é dura e seca.

ONIGUIRI

É um bolinho feito com arroz bem cozido, com recheio de ameixa ume-boshi. É enrolado em um pedaço de alga nori e passado no gersal. Pode ser uma boa opção para uma refeição de viagem.

PAINÇO

Também conhecido como millet, é um grão pequeno e de cor amarela, rico em vários minerais, semelhante à canjiquinha de milho. Segundo a dietética chinesa e a macrobiótica, é um excelente tônico para baço, pâncreas, estômago e rins. Pode ser encontrado em lojas de produtos naturais sem a casca.

PASTA DE MISSÔ

Pasta marrom, salgada, feita da mistura de um ou mais cereais (trigo, arroz ou milho) com sal e soja, fermentada em barril de madeira. É utilizada para temperar caldos, sopas, molhos, pastas, cozidos de legumes e indicada para limpar os pulmões, repor a flora intestinal e melhorar a digestão. Encontrada em lojas de produtos naturais, chineses e japoneses.

QUINOA

Era considerada a base da alimentação do império inca. Esse grão miúdo, de cor amarelo-clara e cozimento rápido, é de fácil digestão e muito nutritivo.

RAIZ DE BARDANA OU GOBO

Raiz de cor marrom-escura na parte externa e branca na parte interna, muito utilizada nas culinárias japonesa e chinesa. Tem aproximadamente 70cm de comprimento e 2cm de diâmetro e apresenta textura firme.

RAIZ DE GENGIBRE OU SHOGA

Raiz rugosa em forma de nó e bastante suculenta. É utilizada nas culinárias chinesa e japonesa, em preparações fritas, para auxiliar na digestão das gorduras, pois atua como um biodegradável.

RAIZ DE LÓTUS

Planta aquática que cresce no lodo, de cor marrom-clara, apresenta consistência sólida e bastante dura. Sua forma externa se assemelha a uma banana-figo. No interior, apresenta vários furos. Na macrobiótica, é utilizada para tonificar rins e pulmões.

SAL MARINHO

É um sal integral, extraído da água do mar, rico em minerais.

SAL REFINADO

O sal marinho é submetido a altas temperaturas, lavado e clareado, o que elimina grande parte dos minerais. Em seguida, são acrescentados alvejantes e antiumectantes, para que fique soltinho no saleiro e tenha mais tempo de conservação.

SEITAN OU GLÚTEN

É uma proteína extraída da farinha de trigo, da qual são removidos o amido e a fibra. Sua cor e textura são muito semelhantes às de um bife.

SURIBASHI

É um utensílio utilizado na cozinha asiática. Trata-se de uma tigela de cerâmica dura, cuja parte interna apresenta fendas finas, e um bastão de madeira usado para pressionar as sementes contra as fendas até se transformarem em um pó.

TAHINE

É uma pasta feita de semente de gergelim prensada, de sabor neutro.

TEMPEH

É um tipo de "carne" feito com grãos de soja, de sabor bastante exótico. Altamente digestivo, é considerado o filé mignon da soja pelo seu alto teor de proteína: 19% a 20%. Originário da Indonésia, esse alimento é produzido de forma bastante artesanal, em formato de bloco, envolvendo os seguintes processos: o grão da soja é hidratado, cozido no vapor e fermentado. No processo de hidratação, é eliminado o ácido fítico e as cascas, altamente indigestas, o que torna o grão mais digestivo. É considerado uma das melhores fontes de proteína de origem vegetal e pode ser congelado por cerca de 6 meses.

TOFU DEFUMADO

Queijo de soja defumado, é o tofu fresco passado pelo processo de desidratação e defumação. Utilizado como tempero em feijoadas e pratos que levam bacon, substituindo-o. É aconselhável retirar a casca antes de usar, para eliminar as toxinas provenientes do processo de defumação.

TOFU FRESCO

Queijo feito do leite extraído do grão de soja, que, após fervido, é coagulado. Tem a aparência de queijo minas e sabor neutro. É utilizado no preparo de pratos doces e salgados e indicado para mulheres no período da menopausa por diminuir o calor interno e a secura das mucosas, já que aumenta os níveis de estrogênio. Deve ser conservado na geladeira, submerso em água.

Índice de
RECEITAS

PRATOS PRINCIPAIS

Acarajé **43**

Arroz à piamontese **45**

Bobó de shiitake **46**

Estrogonofe de palmito e shimeji **49**

Faláfel **50**

Feijoada oriental **52**

Hambúrguer de grãos e sementes **55**

Moqueca de tofu e castanha-de-
-caju **56**

Nhoque de aipim **57**

Panqueca de aveia com recheio de
shimeji e alho-poró **58**

Quibe **60**

Quiche **63**

Risoto de abóbora e shiitake **65**

Rocambole de grão-de-bico **66**

Salada de cereais **68**

Salpicão **69**

Shimeji com quiabo **71**

Suflê de cenoura **72**

Sushi agué **75**

Tempeh grelhado **76**

Tortilha **77**

Vagem com amendoim **78**

ACOMPANHAMENTOS

Abóbora okaido com molho
acebolado de tahine **83**

Arroz de brócolis **84**

Arroz integral com broto de
lentilha **85**

Arroz maluco **86**

Croûton integral de alho **87**

Farofa de gérmen de trigo **88**

Inhame palha **89**

Oniguiri **90**

Purê de abóbora okaido **92**

Salada primavera **93**

Sushi mineiro **95**

Verdura no bafo **97**

MOLHOS

Abacate ao curry **100**

Maionese de soja **101**

Molho acebolado de tahine **102**

Molho de alcaparra e manga **103**

Molho de amêndoas **103**

Molho *fake* de champignon **104**

Molho picante de raízes **105**

Pesto light **106**

SOBREMESAS

Compota de frutas secas 109

Gelatina de maçã 110

Manjar de coco 111

Mousse de cacau com abacate 112

Torta de banana com aveia 114

Torta de banana com castanha 115

Torta de maçã 116

Tricolor 118

BEBIDAS

Leite de amêndoas 122

Limonada clorofilada 123

Milk-shake de morango 125

Suco de abacaxi com hortaliças 126

Suco de clorofila 127

Suco de damasco com ora-pro-nóbis 128

Suco de maçã clorofilado 129

Suco de maracujá e gengibre 131

Suco rosa 132

Vitamina de banana 134

TEMPEROS

Alga hijiki na conserva 136

Creme de alho 137

Geralga 138

Gersal 139

Pasta de tahine e melado 140

SOPAS E CALDOS

Borsch 142

Caldo energético 145

Canja de shimeji 146

Leite de coco 148

Sopa de cebola 149

DEPOIMENTOS

"Quanto mais pratico a medicina, mais me convenço de que a cura e a manutenção da saúde são totalmente dependentes de uma alimentação que nutra e corrija os desequilíbrios de cada um. Conheço o trabalho de Thina Izidoro há muitos anos e compartilhamos essas ideias. Tenho certeza de que o leitor encontrará informações valiosas neste trabalho."

HÉLIO HOLPERIN

Médico homeopata, acupunturista, professor da Pontifícia Universidade Católica do Rio de Janeiro (PUC-Rio) e escritor

"Como mestre e praticante de ioga, não poderia deixar de sentir e 'compartilhar' a ideia de que 'o alimento' de Thina Izidoro é um conforto, uma oferenda de equilíbrio para o(s) meu(s) corpo(s)... Do alimento, em verdade, somos feitos; dele somos constituídos, nos trazendo sentimentos, sensações e equilíbrio."

DANIELA VISCO

Diretora de teatro e orientadora artística e corporal

"Quando eu era menorzinha, eu não podia comer proteína animal. Então, eu tinha que comer só comida vegana. A comida da Thina é muito boa e saudável. Agora que eu posso comer proteína animal, eu continuo comendo a comida da Thina porque eu adoro."

LIA ALVES DIAS CANTANHEDE, 10 ANOS

"Meu corpo, mente e coração ficam agradecidos. A comida da Thina não é equilibrada só com relação aos ingredientes, mas também com relação às estações do ano, dentro da lógica da Medicina Chinesa que eu tanto aprecio. Além de ser deliciosa e bonita de se ver! Sinto-me alimentada em todos os sentidos, reenergizada para a volta ao trabalho."

VALÉRIA ROSA PINTO
Fisioterapeuta especialista em terapias corporais, educadora somática e focalizadora de danças circulares

"Desde criança me sentia desconfortável, fisicamente e psicologicamente, em ingerir bicho morto. Mais tarde, me tornei vegetariana e descobri que tinha intolerância à lactose e ao ovo. Passei, então, para a alimentação vegana. Daí nunca mais tive problemas intestinais e distúrbio alimentar. Hoje me sinto leve, bem disposta, com boa pele e feliz por não ser conivente com a matança e tortura de animais. Na alimentação vegana, procuro equilíbrio, harmonia e bem-estar para mim e o meio ambiente. É, também, um estilo de vida! Não vou mudar o mundo, mas faço a minha parte. Isso também é sustentabilidade!"

NÉIA MONTEIRO DA COSTA
Aposentada como técnica em Estatística, tecnóloga em Processamento de Dados e Administração de Empresas

"Uma boa nutrição não deve ser pensada apenas como uma seleção de alimentos adequados, mas, sim, como um processo que se compõe de absorção e eliminação. A alimentação com base em produtos de origem animal promove digestão lenta e mais difícil, retardando ou até bloqueando a eliminação de resíduos tóxicos, que, por si, são obviamente prejudiciais à saúde e causam estresse físico e ansiedade. Digo sempre que, para termos mais saúde, é preciso nos dedicarmos diariamente a esse objetivo, resultado de um trabalho continuado, de nossa responsabilidade individual, como seres humanos adultos. Não recebemos saúde passivamente; é preciso trabalhar para isso, respirando mais e cuidando do que comemos, pensamos e sentimos como decorrência."

ANDRÉ PESSANHA
Cardiologista do Hospital dos Servidores do Estado do Rio de Janeiro e médico homeopata, membro titular do Instituto Hahnemanniano do Brasil (IHB)

"De modo geral, sou sempre a favor do vegetarianismo e do veganismo. Evitando alimentar-se de animais, cultivam-se a compaixão e a sabedoria. Alimentos naturais, vivos e frescos, como legumes, raízes, frutas, cereais e sementes orgânicas nos nutrem mais energeticamente que apenas fisicamente, e nos tornamos mais vitais e rejuvenescidos, sem cansaço e doença. Com certeza, este livro de receitas, fruto de muitas décadas de experiência na culinária natural e vegetariana, aliando prazer, nutrição e saúde, esclarece e ajuda muitas pessoas nesse novo caminho, além de nos deixar deliciados durante as refeições."

JAQUELINE DE MORAES CUNHA
Médica homeopata e acupunturista

"Em fevereiro de 2003, tive alta do hospital depois de 40 dias internado por complicações advindas de uma quimioterapia para tratamento de um linfoma. Sentia-me extremamente fraco, mal aguentando andar todo o corredor de minha casa. Além da fisioterapia prescrita pelo médico, resolvi seguir a orientação de uma nutricionista para ajudar na minha convalescença. Procurei Thina Izidoro, que me prescreveu toda uma alimentação baseada na dieta vegana. A recuperação foi fantástica. Eu sentia minhas forças voltando a cada dia, em uma progressão impressionante. Segui a dieta com rigor e ao fim de poucos meses estava me sentindo como antes da enfermidade. A partir daí mudei totalmente minha alimentação e continuo bem até hoje."

GILSON JUNQUEIRA, 80 ANOS
Engenheiro

BIBLIOGRAFIA

SOBRE O AÇÚCAR

BONTEMPO, Márcio. *Relatório Orion*. Porto Alegre: L&PM, 1985.

DUFFY, William. *Sugar blues*. São Paulo: Ground, 1975.

HIRSCH, Sonia. *Sem açúcar, com afeto*. Rio de Janeiro: Correcotia, 1984.

SOBRE CARNES

BONTEMPO, Márcio. *Relatório Orion*. Porto Alegre: L&PM, 1985.

LAPPÉ, Frances Moore. *Dieta para um pequeno planeta*. São Paulo: Global, 1985.

MITRA, Didi Ananda. *O que há de errado em comer carne?* São Paulo: Ananda Marga, 1985.

SOBRE AGENTES QUÍMICOS NA ALIMENTAÇÃO

BONTEMPO, Márcio. *Relatório Orion*. Porto Alegre: L&PM, 1985.

CARLSON, Rachel. *Primavera silenciosa*. São Paulo. Gaia, 1962.

COLBORN, Theo et al. *O futuro roubado*. Porto Alegre: L&PM, 1997.

LONDRES, Flavia. *Agrotóxicos no Brasil: um guia para ação em defesa da vida*. Rio de Janeiro: AS-PTA – Assessoria e Serviços a Projetos em Agricultura Alternativa, 2011.

PINHEIRO, Sebastião. *Cartilha dos agrotóxicos*. Niterói: E. P. La Salle, 1998

POLLAN, Michael. *O dilema do onívoro*. Rio de Janeiro: Intrínseca, 2006.

SILVA JR., Eneo Alves da Silva. *Manual de controle higiênico-sanitário em serviços de alimentação*. 2.ed. São Paulo: Livraria Varela, 1995.

SOBRE ALTERNATIVAS ALIMENTARES

BENEVIDES, Paulo. *Manual de dietética tradicional chinesa*. Rio de Janeiro: Ed. 5 Elementos, 1996.

BRÜNING, Jaime. *A saúde brota da natureza*. Curitiba: Universitária Champagnat, 1994.

CHOPRA, Deepak. *Digestão perfeita*. Rio de Janeiro: Rocco, 1998.

DAVIS, William. *Barriga de trigo*. São Paulo: Martins Fontes, 2014.

GERSON, Charlotte. *La Terapia Gerson*. Barcelona: Obelisco, 2011.

GRANT, Doris; JOICE, Jean. *A combinação dos alimentos*. São Paulo: Ground,1986.

HIRSCH, Sonia. *Manual do herói ou a filosofia chinesa na cozinha*. Rio de Janeiro: Correcotia, 1990.

KIKUCHI, Bernadette. *Arte fundamental da vida*. São Paulo: Musso Publicações, 1982.

KIKUCHI, Tomio. *Autocuraterapia*. São Paulo: Musso Publicações, 1991.

KUSHI, Michio. *O livro da macrobiótica*. Piraquara: Sol Nascente, 1977.

MELINA, Vesanto et al. *A dieta saudável dos vegetais*. Rio de Janeiro: Campus, 1998.

OHSAWA, George. *Macrobiótica, saúde, felicidade e paz*. São Paulo: Ícone, 1994.

POLLAN, Michael. *Em defesa da comida*. Rio de Janeiro: Intrínseca, 2008.

PÓVOA, Helion. *O cérebro desconhecido*. Rio de Janeiro: Objetiva, 2002.

RACCO, Regina. *Glúten e obesidade, a verdade que emagrece*. Rio de Janeiro: RRacco, 2008.

SERVAN-SCHREIBER, David. *Anticâncer*. Rio de Janeiro: Objetiva, 2007.

SOLEIL. *Você sabe se alimentar?* São Paulo: Paulus, 1992.

TEEGUARDEN, Iona. *Liberdade através da alimentação*. São Paulo: Ground, 1977.

WAERLAND, Ebba. *Terapêutica de Waerland*. Rio de Janeiro: Germinal, 1968.

WINCKLER, Marly. *Elementos para uma conversa sobre vegetarianismo*. Florianópolis: Rio Quinze, 1992.

YUM, Jong Suk. *ABC da saúde*. São Paulo: Convite, 1988.

A Editora Senac Rio de Janeiro publica livros nas áreas de Beleza e Estética, Ciências Humanas, Comunicação e Artes, Desenvolvimento Social, Design e Arquitetura, Educação, Gastronomia e Enologia, Gestão e Negócios, Informática, Meio Ambiente, Moda, Saúde, Turismo e Hotelaria.

Visite o site **www.rj.senac.br/editora**, escolha os títulos de sua preferência e boa leitura.

Fique atento aos nossos próximos lançamentos! À venda nas melhores livrarias do país.

Editora Senac Rio de Janeiro
Tel.: (21) 2545-4819 (Comercial)
comercial.editora@rj.senac.br

Disque-Senac: (21) 4002-2002

Este livro foi composto nas tipografias Arnhem e Naive, por Estúdio Insólito, e impresso pela Rona Editora Ltda., em papel *couché matte* 150 g/m², para a Editora Senac Rio de Janeiro, em agosto de 2015.